中外文**稀有版本**文献

《政治经济学批判》

④

政治经济学批判

【德】卡尔·马克思 ◎ 著
郭沫若 ◎ 译

《政治经济学批判》的出版与传播

（代序）

一　《政治经济学批判》在国外的出版和传播

（一）出版和早期传播情况

《政治经济学批判。第一分册》于1859年6月在柏林出版，这是马克思经济学研究的成果第一次正式出版，这部著作的出版在马克思主义发展史特别是马克思主义经济学发展史上具有里程碑式的意义。1857年至1858年期间，重新开始研究经济学的马克思写下了大量经济学手稿（《1857—1858年经济学手稿》），按照马克思当时对经济学研究框架的设想，他决定分册出版这些研究成果，其中，《政治经济学批判。第一分册》是马克思计划中的经济学丛书的第一册，也是马克思经济学研究的最初出版的标志性成果。

1858年3月，马克思与柏林的出版商弗·敦克尔签订合同准备分册出版《政治经济学批判》。他本想签订全书的出版合同（预计共6—8册），但是出版商只同意根据第一册的销售情况再做决定。第一分册中包含《序言》、第一章《商品》和第二章《货币或简单流通》，在真正出版的时候，马克思没有将其准备论述资本的第三章收入第一分册，这是"因为真正的战斗是从第三章开始，我认为一开始就使人害怕是不明智的"①，《资本》章计划放在第一册的第二个分册中进行论述，不过后来这个写作计划并没有得到落实，马克思对资本进行了更加深入的研究，其理论成果形成为后来问世的著作《资本论》。

1859年1月《政治经济学批判。第一分册》的手稿已经准备妥当，但是马克思的手稿要交到出版商的手上并不这样容易，单是他的名字就会吓坏普鲁士当局。他的稿子交给出版商之前，还得由警察经手，在那里放上一些日子。警察当局只有在确信马克思的著作是"纯学术"性的，并且害怕马克思可能在英国报刊上提出抗议时，才会按照规定把稿子交出去。

最终，《政治经济学批判。第一分册》于1859年6月在柏林出版，印数1000册。在这部著作中第一次系统地阐述了马克思包括货币学说在内的价值论。马克思给这部著作写了一篇《序言》，在这篇著名的序言里对历史唯物主义的实质作了精确的表述，《政治经济学批判。第一分册》的正文从对商品的分析开始进行政治经济学批判的研究，并且展开对货币问题的深刻论述。

(二) 国外的出版和传播情况

下面简要介绍若干在国外发行的《政治经济学批判。第一分册》的单行本及在各版《全集》《选集》中的收录概况。

1.《政治经济学批判。第一分册》第一次出版。1859年以德文由柏林敦克尔出版社出版发行，印数1000册。前文已述，这个版本的《政治经济学批判。第一分册》出版后，并未引起如马克思预期的反响。恩格斯为了介绍和推荐马克思的经济学的新理论和新成果，专门写作了两篇文章进行推介。这是《政治经济学批判。第一分册》的第一次出版，也是马克思在世时唯一一次出版。

① 《马克思恩格斯全集》第29卷，北京：人民出版社1972年版，第568页。

2. 从 1958 年到 1965 年，日本出版了五卷本的《政治经济学批判基础》，第 5 卷中包括了《政治经济学批判》及其准备材料。五卷本的《政治经济学批判基础》实际上是《1857—1858 年经济学手稿》即《大纲》的翻译全稿，日本也因此成为第一个翻译《大纲》的国家。《政治经济学批判》及其准备资料、《大纲》等文献在日本的出版改变了日本人认识和看待马克思政治经济学批判的方式，改变了对马克思的误解，推动了日本的马克思经济学的研究。《政治经济学批判。第一分册》在日本有河上肇、宫川实合译的版本，以及宫川实译本。

1954 年，《经济学批判》，宫川实翻译，出版社：青木书店，32 开，300 页，平装。

3. 考茨基的德文第二版。1897 年出版了《政治经济学批判。第一分册》德文第二版，这一版由考茨基编辑，该版与 1859 年的原版有细微的差别，是考茨基根据马克思在该书的页边所作的笔记进行细微的变更后编辑出版的。

4. 根据德文版《马克思恩格斯全集》第 13 卷翻译，1970 年在苏联用英文出版了《政治经济学批判》单行本，同时收录了恩格斯的《卡尔·马克思〈政治经济学批判〉》。编者 Maurice Dobb 在前言中写道："《政治经济学批判》就是它本身，它是《1857—1858 年经济学手稿》的有机组成部分。它是对马克思《1844 年经济学哲学手稿》开启的问题的进一步探索，批判的焦点集中在方法上。"[1]

5. Stone 的英译本。N. I. Stone 将《政治经济学批判。第一分册》德文第二版翻译成英文，于 1904 年由 Charles H. Kerr & Company 公司在芝加哥出版。这个版本还收录了《〈政治经济学批判〉导言》。在《前言》中译者介绍了该书翻译成英文出版的必要性。他认为，虽然半个世纪过去了，但是在大城市中仍然存在大量的产业工人不能享有应有的权力，该书的再版具有很大的社会价值。另外，马克思在《序言》中所

---

[1] A Contriution to the Critique of Political Economy. Karl Marx, Progress Publishers, Moscow, 1970.

作的"唯物史观"的经典表述对社会学、自然科学、法学等都有参考价值。译者还根据马克思对《资本论》和《政治经济学批判。第一分册》之间的关系的论述,强调了《政治经济学批判。第一分册》的独立价值所在。他认为,虽然《政治经济学批判》的大部分内容都被马克思纳入到了《资本论》的开头部分,但是很多在本书中深入分析和论述了的问题比如价值理论和货币的历史等问题并没有完全照搬进《资本论》,所以《政治经济学批判。第一分册》仍然具有完整的独立的价值。中文第一个《政治经济学批判》的单行本译者刘曼主要就是依据 Stone 的英译本进行翻译的。

6. 1859 年《政治经济学批判》,1947 年在东柏林出版,其后反复出版。其中将《〈政治经济学批判〉导言》作为附录一起出版。

7. 各种全集、选集的收录和摘编

(1)《马克思恩格斯全集》俄文第一版。1921 年,在列宁的倡议下,马克思恩格斯研究院在莫斯科成立,主要工作是系统收集马克思恩格斯的著作、手稿和书信。在研究院的努力下,1928 年,俄文第一版《马克思恩格斯全集》开始出版,一直到 1941 年基本结束。该套全集共 28 卷,33 册,收录了 1250 篇著作和 3300 封书信。《政治经济学批判。第一分册》被收录在俄文版第一版第 12 卷(上)第 1—170 页。

(2)《马克思恩格斯全集》俄文第二版。1955 年至 1966 年,苏共中央马克思主义研究院出版了《马克思恩格斯全集》俄文第二版,共 39 卷(42 册),收集马克思、恩格斯的著作和书信 5500 件,比第一版多收了近 1000 件,后来又出版了 11 卷补卷,即第 40—50 卷,收录了一大批之前未发表过的马克思、恩格斯的手稿、文章和书信,以及第 1—39 卷未刊入的文章。《政治经济学批判。第一分册》收录在俄文第二版第 13 卷第 1—167 页。

(3)《马克思恩格斯全集》德文版。1968 年,德国统一社会党中央马克思主义研究院出版了《马克思恩格斯全集》德文版,共 39 卷(41 册)和一个补卷(2 册)。马克思和恩格斯的著作和书信大部分是用德文写作的,这个版本就是用原文发表的。其中,1961年出版的德文版第13卷中第3—160页,收录了《政治经济学批判。第一分册》。

(4)《马克思恩格斯全集》多语种版本。俄文版、德文版《马克思恩格斯全集》是在国际上影响很大、传播广泛的版本,在这两个版本的基础上,又有多种语言的《马克思恩格斯全集》相继出版,如保加利亚文版、日文版、朝鲜文版、波兰文版、罗马尼亚文版、塞尔维亚—克罗地亚文版、捷克文版、匈牙利文版等。无论是以德文版还是俄文版为基础,各个版本的全集中也都收录了《政治经济学批判。第一分册》。

(5)《马克思恩格斯全集》英文版。英文版《马克思恩格斯全集》计划出版50卷,将收录俄文版第二版的材料,并将收录近几年新发现的马克思主义创始人的著作和书信。根据英文版,《马克思恩格斯全集》意大利文版也开始出版。此外,法文版的书信全集已经出版,并准备出版法文版的《马克思恩格斯全集》。

(6)日文版《马克思恩格斯全集》。《政治经济学批判。第一分册》收录在第13卷第3—163页。

(7)1950年,莫斯科外语出版社出版了英文版两卷本《马克思恩格斯选集》,在收录了《政治经济学批判。第一册》之外,第1卷收录了《〈政治经济学批判〉序言》和恩格斯的《卡尔·马克思〈政治经济学批判〉》。该选集是在莫斯科马克思恩格斯研究院编著的两卷本《马恩选集》的基础上重新选编的,1955年再版。

(8)$MEGA^2$版。原文出版《马克思恩格斯全集》的工作,即马克思恩格斯全集的历史考证版(即$MEGA^2$)的出版工作,要求按原文形式收入马克思主义创始人的全部著作遗产,其中包括马克思和恩格斯的著作、文章、草稿、未完成的手稿,由他们起草的工人运动的文件、书信和笔记、摘要、摘录以及他们在书籍中所作的边注。运用原文印行是为了最大限度地再现正文的可靠性,使人们更加准确地研究马克思、恩格斯的思想。《马克思恩格斯全集》历史考证版第二版总共由四个部分组成,其中,"《资本论》及其手稿"卷次构成了专门的第二部分。《马克思恩格斯全集》1981年历史考证版第2部分第1卷第2分册和1980年历史考证版第2部分第2卷的德文原文，收录了《政治经济学批判。第一分册》。

（9）1968年，纽约国际出版社在纽约出版了《马克思恩格斯选集》单卷本，其中节选了马克思、恩格斯和列宁等人具有代表性的著作，篇幅短小的《〈政治经济学批判〉序言》被全文收录刊载，而《资本论》等大部头的著作则摘选重要篇章刊印，部分马恩书信也被收录其中，期待为读者阅读和研究"马克思主义创始人的哲学、政治经济学、社会变革和共产主义理论"提供帮助。

（10）1987年，《马克思恩格斯著作选集》英文版第29卷（1857—1861）在伦敦出版，其中从257页到420页收录了《政治经济学批判。第一分册》，同时收录了7个笔记本的索引。

纵观《政治经济学批判。第一分册》在世界范围的翻译出版过程，可以归纳出一些特点。首先，因为《政治经济学批判。第一分册》这部著作在马克思生前就已经正式出版过，所以各个版本之间没有大的出入，基本都是按照1859年出版的原貌进行翻译和编排的，主要包括《序言》和正文两个部分；其次，恩格斯为本书写作的用于推广和传播的两篇评论性文章《卡尔·马克思〈政治经济学批判〉》因为与该书关系紧密，所以无论是《全集》还是《选集》基本上会将这两篇文章编排在《政治经济学批判。第一分册》后面；再次，因为马克思的政治经济学批判的研究和创作是一个系统的过程，在前后十几年甚至更长的时间内，马克思不断地积累各种有关经济学的手稿、书信和文章，所以，将《政治经济学批判。第一分册》按照时间顺序与其他经济学研究的内容一起编排也成为多版《全集》和《选集》的共同选择；最后，鉴于《政治经济学批判。第一分册》之后出版的《资本论》与该书有内容上的重合，并且更加完整，具有更加重要的地位，所以，《政治经济学批判。第一分册》作为单行本出版的版本在数量上相对有限。

二 《政治经济学批判》在中国的出版和传播

《政治经济学批判。第一分册》是较早传入中国的马克思主义著作,特别是阐述马克思唯物主义历史观的代表性著作《〈政治经济学批判〉序言》更是早期向中国介绍马克思主义的思想家们首先选择的马克思的作品。在马克思经济学思想向中国介绍和传播的过程中,《政治经济学批判》从片段性的节译到全本翻译再到被收录进多种《选集》《全集》,为广大读者学习和研究马克思主义经济学理论提供了经典理论典籍。

(一)新中国成立前《政治经济学批判》的译介和传播

早在五四时期以前,在中国还没有系统的马克思主义著作的出版规划,没有形成大规模译介马克思主义著作的潮流的时候,就已经有中国民主革命的先驱和有识之士开始间接地、片段性地介绍马克思主义的思想和著作,其中《政治经济学批判》特别是《〈政治经济学批判〉序言》是最早被介绍的著作之一。

1. 20 世纪早期,《政治经济学批判。第一分册》传入中国

20 世纪早期,中国出现零星翻译和介绍马克思主义政治经济学的文章。虽然这些文章大多是片段性的译介,但它们却是马克思主义理论特别是马克思主义政治经济学在中国最早传播的星星之火,开启了马克思主义经济学在中国传播的帷幕。

当时零星翻译过来的各种经济学著作和文章的版本如下:

(1) 1903 年,赵必振翻译的日本学者福井准造的《近世社会主义》由广智书局出版,这是一本较系统地介绍马克思主义经典作家生平和著作的书籍。全书分上下两册,共 16 万字。该书对马克思的《政治经济学》的写作过程和主要内容作了介绍,文中将《政治经济学批判》译为《经济学之评论》，这可以看作是最早向中国人民介绍马克思主义和社会主义学说的译著。

（2）渊泉翻译的日本京都帝国大学教授河上肇的日语著作，其中摘译了《〈政治经济学批判〉序言》部分内容，载于北京《晨报》1919年5月5、6、8日《马克思的唯物史观》一文中。摘译文第一次把马克思在《政治经济学批判（序言）》中表达出来的唯物史观传播到中国："人类一定的、必然的生产关系总和，构成社会经济真正的基础。在这基础之上再构造法制政治建筑。人类物质决定精神。社会存在决定其意识。社会的物质生产力发展到一定阶段，生产关系就会发生冲突，因为它变得开始束缚生产力的发展了。于是乎社会革命的时代就来了。"①

（3）1921年《上海东方杂志》第18卷发表了由王嘉摘译的《〈政治经济学批判〉序言》。

（4）1921年1月10日，《东方杂志》第18卷第1号第60—69页发表的《马克思的唯物史观》是范寿康对《〈政治经济学批判〉序言》的节译，附译者注和解释，是根据日本学者河上肇的日译文翻译过来的。

（5）1929年12月，上海南强书局出版了由彭嘉生翻译的一系列马克思和恩格斯的文章，其中包括《卡尔·马克思〈政治经济学批判〉》。

（6）杜竹君译，载《哲学之贫困》（1929年10月版）附录二，该书第199—205页，摘译《政治经济学批判》第2章《B. 关于货币计量单位的学说》（后半部分），篇名为《约翰·葛雷及其劳动的理论》，译文根据1859年柏林版译出。

（7）许德珩译，载《哲学之贫困》（1932年7月版）附录二，该书第183—187页，摘译《政治经济学批判》第2章《B. 关于货币计量单位的学说》（后半部分），篇名为《经济学批判中之摘录》，附注释。

---

① 河上肇：《马克思的唯物史观（二）》（节选），渊泉译，载《晨报》（北京），1919年5月6日。

(8) 程始仁译，载《辩证法经典》（1935年10月版）第95—104页，摘译《政治经济学批判》序言（前半部分），篇名为《经济学研究之一般的结论》。

(9) 韬奋译，载《读书偶译》（1937年6月版）第141—145页，摘译《政治经济学批判》序言，篇名《为唯物史观的解释》。

20世纪20、30年代，中国的有识之士开眼看世界，探寻救亡图存之路，各种新思想在古老的中国竞相传播。马克思政治经济学著作在中国还只是片断性的翻译和介绍，还没有进行系统性的传播。对马克思主义经济学和马克思主义的定位还只是多种新思想中的一种，翻译和传播马克思主义经济学的人也并不都是马克思主义者，他们对马克思主义的理解和介绍还比较浅显，甚至有些见解还很不准确。因此，马克思主义经济学还只是在一小部分知识分子中间进行传播，影响不大。但是，这些早期翻译的著作，仍然是马克思主义经济学在中国最早的引进，为马克思主义在中国的广泛传播和扩大影响作了准备。

2. 五四运动时期，《政治经济学批判》在中国的译介和传播

五四运动前夕，马克思主义者李大钊等人在北大创立了马克思主义研究会，开始在古老的中国大地上传播马克思主义。马克思主义研究会是中国第一个介绍马克思主义的组织，它在北大学生中组织开展学习和研究马克思主义的活动，使很多进步青年开始接触和认识马克思主义。

五四运动期间，1919年5月5日，北京《晨报》的"马克思研究专栏"刊登了陈溥贤翻译的河上肇的文章《马克思的唯物史观》，其中就有《〈政治经济学批判〉序言》的片段翻译。陈溥贤将《政治经济学批判》译为《经济学批评》。

《新青年》杂志于1915年在上海创刊，十月革命以后，作为五四运动的号角，《新青年》成为宣传马克思主义的阵地。1919年9月到11月由李大钊主编的《新青年》第六卷发行，这一期的主题是"马克思研究"，集中刊登了8篇介绍马克思主义的文章，其中李大钊写作的《我的马克思主义观（上）》是具有重要意义的一篇文章。在这篇文章中，李大钊第一次系统介绍了马克思的经济学说，同时评价了马克思主义在经济思想史上的地位。李大钊也介绍了马克思的唯物史观，还特别引用了河上肇的译文《经济学批判〈序言〉》，而这里的《经济学批判〈序言〉》实际上就是《〈政治经济学批判〉序言》。李大钊认为，马克思的《资本论》虽然"彻头彻尾以他那特有的历史观作基础"，而"以一定的公式"出现的历史观，"还在那一八五九年他作的那'经济学批判'的序文中"。在文中他引用河上肇的译文："人类必须加入那于他们生活上必要的社会的生产，一定的、必然的、离于他们的意志而独立的关系，就是那适应他们物质的生产力一定的发展阶段的生产关系。此等生产关系的总和，构成社会的经济的构造——法制上及政治上所依以成立的、一定的社会的意识形态所适应的真实基础——物质的生活的生产方法，一般给社会的，政治的及精神的生活过程，加上条件。不是人类的意识决定其存在，他们的社会存在反是决定其意识的东西。"① 这是在中国对马克思历史唯物主义思想的第一次系统介绍和分析，是中国人认识和了解马克思主义政治经济学的开端。

五四时期，以北京大学的教师和学生为主体，形成了一个搜集、整理、翻译和出版马克思主义著作的群体。上文提到的马克思学说研究会的成员组织搜集马克思的主要著作和相关研究作品，并且选择其中重要的著作进行翻译。研究会会员们列举了40余种英文书籍和20余种中文书籍，其中包括马克思、恩格斯、考茨基、普列汉诺夫等马克思主义创始人及著名理论家的代表作品。研究会还开展了大规模的马克思主义著作的译介工作，他们从英语、俄语、法语、日语等语言翻译马克思的经典著作，这些翻译和研究活动一方面促进了马克思主义在北京大学的传播，另一方面也为马克思主义在更广泛的范围内传播奠定了文献资料和文本的基础。

马克思学说研究会定期进行分组讨论，其中第一组讨论唯物史观，

---

① 李大钊:《我的马克思主义观》(上)，《新青年》第6卷第5号，1919年5月。

第三组讨论剩余价值，展开对马克思的政治经济学进行学习和研究。1922年3月，研究会特别增设了《资本论》研究，由北大法科教授陈启修担任导师，他也是《资本论》最早的译者。同学们在相互讨论中，结合当时中国和世界的现实情况来理解马克思主义的基本原理和价值理念，马克思的政治经济学批判的观点在这些学生和老师中得到了最早的传播和研究。

3. 中国共产党成立前后，《政治经济学批判》在中国的翻译和传播

五四运动以后，中国共产党筹备建立，早期的筹建者陈独秀很重视对马克思主义理论的学习研究和宣传推广。陈独秀在1922年7月1日的《新青年》第九卷第六号上，发表了《马克思学说》一文，在这篇文章中，陈独秀阐发了他所理解的马克思主义理论。其中，从他对马克思的政治经济学和历史唯物主义的研究代表了当时对马克思的政治经济学的理解水平。比如他在谈到关于马克思的剩余价值学说的时候说："马克思底经济学说，和以前个人主义的经济学说不同之特点，是再说明剩余价值之如何成立及实现。二千几百页的《资本论》里面所反复说明的，可以说目的就是在说明剩余价值这件事。"[①] 在谈到马克思的历史唯物主义的时候，他说："马克思的唯物史观学说虽然没有专书，但是他所著的《经济学批评》《共产党宣言》《哲学之贫困》三种书里都曾说明过这项道理。"[②] 陈独秀不仅注意到了剩余价值学说是马克思政治经济学研究的核心思想，而且洞察到政治经济学批判研究背后的唯物史观的立场。他对马克思著作的理解和评论在一定程度上引领了后来对马克思的理解的方向，奠定了在中国实事求是地理解马列著作的科学基础。

1921年7月，中国共产党第一次代表大会召开，标志着中国共产党的创立，在这次大会上决定创办中国共产党自己的出版社。会后，人民出版社秘密建立，这是中国共产党建立的第一个出版社。从1921年9

---

① 陈独秀：《马克思学说》，载《新青年》第九卷第六号，1922年7月1日。
② 陈独秀：《马克思学说》，载《新青年》第九卷第六号，1922年7月1日。

月 1 日开始,中国共产党开始了马克思主义著作的出版事业。人民出版社 1921 年准备出版"马克思全书"15 种,其中就包括《政治经济学批评》《剩余价值论》《马克思〈资本论〉入门》等关于马克思经济学说的书籍。其中,《政治经济学批评》和《马克思〈资本论〉入门》两本书计划由李汉俊来翻译。不幸的是,1927 年 1 月,李汉俊被军阀杀害,没能完成这些工作。李汉俊是中国共产党成立初期的马克思主义翻译家、理论家,他翻译了很多有关马克思经济学研究的著作,通过直接接触马克思的原著,为他展开马克思主义研究奠定了坚实的基础。

4. 新中国成立前的两个单行本

虽然马克思的《政治经济学批判》及其序言很早就在中国有片段式的翻译和零星的传播,但是在新中国成立前,完整的单行译本事实上只有两个。一个是刘曼译本,另一个是郭沫若译本。

(1)刘曼的单行译本介绍

1930 年,由刘曼翻译、上海乐群书店出版的《经济学批判》一书,事实上该书是马克思的《政治经济学批判》最早的中译单行本。该书于 1930 年 3 月 2 日付排,上海乐群书店 1930 年 5 月 25 日出版,(4+6+9+338)页,32 开,横排平装本。本书包括正文、《序言》和《导言》(摘自 1857—1858 年经济学手稿,在本书中译为《经济学批判绪言》),书前附译者序(写于 1930 年 3 月 26 日)和英译者序(写于 1903 年 10 月),书中附有注释。1930 年上海棣棣书店再版,出版时间未印明,(2+4+6+338)页,32 开,横排平装本。

刘曼是《政治经济学批判》的首位单行本全文译者,他的翻译依据的原本是 Stone 的英译本,辅以宫川实的日译本,并参考了考茨基编辑的德文第二版。在谈到翻译版本的选择时,刘曼指出:"英译者的译文,是否最为可靠,我想凡是读过德文本和英文本的人,早就有一个定评,公认它是一部有权威的译本。若就我的所见,Stone 的译本的确有这几个特点:第一,他译这本书时,曾费过极端精细的考虑(关于这一点,看过他的序文就可了然),几番的审定;第二,他曾改正了原文上少数误载的引文；第三，他曾添上少数重要的附注，并在经济学批判绪言底前面，附有考茨基在 *Neue Zeit* 报上发表本文时所载关于补添各点底说明。"① "出版了足足七十年的这本经济学批判，谁也知道是马克斯先生的全部遗教中一本最重要的经济文献，是全世界劳苦群众的圣经，早已有了各种文字的译本。然而在中国，直到现在，直到马克斯主义所煽起的革命焰火渐次迫近我们四周底现在，直到我国劳苦群众正在觉醒地接受时代要求底现在，直到我国思想界起了进一步的转变底现在，直到旧社会将随历史的车轮转入万劫不复的深坑中底现在，这样一个可贵的宝物，才有我这一本卑之无甚高论底译本，毫无疑义是我国思想界一件不可恕的缺恨。我译这本书，虽然抱有解除这一缺恨底宏愿；我的译本，虽然对于目前迫不急待的大多数不谙外国文的读者，多少可以给予帮助省识这个宝物底机会；可是原书底精确的迻译，觉得太不容易，除非国内有更美满的译本出现，这缺恨似乎仍旧解除不得。"②

（2）郭沫若的单行译本介绍

郭沫若在1931年翻译出版了《政治经济学批判》一书，这个版本是传播比较广泛的单行本，多次重新印刷。1931年12月由上海神州国光社出版，（7+228+42）页，32开，竖排平装本，本书包括正文、序言和导言（《导言》在本书中译为《政治经济学批判导论》）。1932年3月10日，上海政治经济研究会印行，（2+7+228+42）页，32开，横排平装本，印有"政治经济丛书"字样，署名李季译，实为郭沫若译。1932年7月，上海神州国光出版社再版，（2+7+228+42）页，32开，竖排平装本。1939年5月，上海言行出版社出版，（2+7+294）页，32开，竖排平装本。1947年3月，上海益群出版社重印，（6+7+294）页，32开，竖排平装本，译者为这一版写了译者序（写于1947年2月20日），印有"沫若译文集之四"字样。郭沫若的译本在1949年新中国成立前和1950年新中国成立后又重新印刷，1949年4月，上海益群出

---

① 马克斯：《经济学批判》，刘曼译，上海：乐群书店1930年版，译者序第3页。
② 马克斯：《经济学批判》，刘曼译，上海：乐群书店1930年版，译者序第3页。

版社出版,注明第二版,(2+7+294)页,32开,竖排平装本。1950年3月,上海益群出版社出版,注明第三版,(2+7+294)页,32开,竖排平装本。1950年7月,上海益群出版社出版,注明第四版,(2+7+294)页,32开,竖排平装本。1951年4月,上海益群出版社出版,注明第六版,(2+7+294)页,32开,竖排平装本。

郭沫若译本《政治经济学批判》是在中国传播较广的单行本译本,在建国前后多次再版和重印,为推广和普及马克思政治经济学批判乃至传播马克思主义思想都起到很大的推动作用。郭沫若同时是文学家、历史学家和翻译家,其译著文采斐然,虽然因为翻译时间早,很多术语和名词与后来通行的译名不完全一致,但是郭译本仍然是《政治经济学批判》在中国翻译和传播历程中具有里程碑意义的版本,为后来其他译本的诞生奠定了基础。

5. 抗战时期到新中国成立前对《政治经济学批判》的深入学习和传播

从1937年到1949年,中国人民在中国共产党的领导下取得了抗日战争和解放战争的胜利,战争岁月,中国共产党以延安为革命根据地,成立了延安解放社,继续进行马克思主义著作的翻译和出版工作,马克思主义著作的翻译和出版事业也有了新的发展。

为了满足广大人民群众学习经典著作的需要,延安解放社出版了"马克思恩格斯丛书"和"抗日战争参考丛书",《列宁选集》和《斯大林选集》。其中"马克思恩格斯丛书"共10卷,包括《社会主义从空想到科学的发展》《共产党宣言》《法兰西内战》《马恩通信选集》《革命和反革命》《哥达纲领批判》《拿破仑第三政变记》《法兰西阶级斗争》和《政治经济学论丛》《〈资本论〉提纲》等。这套丛书的封面标有书名,并且注明了马恩丛书的编号,用阿拉伯数字表示,书名页则用汉字标明。其中,《政治经济学论丛》是该套丛书的第六种,1939年3月出版,王学文、何锡麟合译。有关政治经济学另外一本书是《〈资本论〉提纲》,丛书的第九种,1939年11月出版,何锡麟、王学文译校。

抗战时期，除了延安是学习和出版马克思主义著作的中心以外，上海也成为传播马克思主义的另外一个重要阵地。上海生活、新知、读书三家出版社，坚持在沦陷区出版马克思主义著作，涌现出如邹韬奋、钱俊瑞、李公朴等进步出版家，他们冒着被敌人迫害的巨大危险在沦陷区积极工作，配合了延安马列著作出版发行的号召，在沦陷区起到了特殊重要的作用。七七事变之后，生活书店出版了邹韬奋的《读书偶译》，他自己在"开头的话"中介绍说："这只是一本漫笔式的译述，不是有系统的社会科学的书，但是也略为有一点贯穿的线索。第一节可以算为简单的导言或绪论，后面接着的是马克思的生平和理论，附带谈到他的思想所由来的黑格尔，再后的是恩格斯的生平和工作，再后的是列宁的生平和思想……每篇来源的原著书名，都附记在每篇的末了，以供参考。"[①] 实际上本书是邹韬奋1934年在伦敦博物院图书馆研读社会科学书籍时作的笔记。书中散见马克思、恩格斯的著作引文，同时邹韬奋把比较完整的段落，作为独立的章节加上了小标题。在《唯物史观的解释》下面他翻译了《〈政治经济学批判〉序言》中的一些主要段落。

（二）新中国成立后《政治经济学批判》的译介和传播

1949年，中华人民共和国成立，马列著作系统出版迎来了一个全新的时代，马克思主义著作的推广传播进入了新时期，开始有组织、大规模、成系统进行翻译出版工作。

新中国成立以后，马克思列宁主义作为指导思想，其著作的翻译和传播工作受到重视。1950年9月15日，全国第一届出版会议召开，把出版和发行马列译著和毛泽东著作作为出版发行的重点任务。1950年12月，成立了人民出版社，人民出版社是国家政治书籍出版机构，重要任务之一就是出版马列著作。人民出版社成立后，一方面组织修订和

[①] 邹韬奋：《读书偶译》，上海：韬奋出版社1948年版。

重印了过去的马列著作的译本，另一方面组织出版新的译本，从此，马列著作的编辑出版和发行有了集中统一的组织和领导。

1953年，党中央决定，将中央俄文编译局与中央宣传部斯大林全集翻译室合并，组建中共中央马克思恩格斯列宁斯大林著作编译局，作为马列著作编译中心。它的核心任务就是负责有系统、有计划地翻译马列著作，保证译文质量，加快出版《马克思恩格斯全集》和《列宁全集》等著作。中央编译局组织起一批专业的翻译人才，涵盖英文、德文、俄文等多个语种，逐渐形成一支实力雄厚的专业翻译人才队伍，搜集和挖掘了大量的珍贵文献资料，建立了一整套严格的编译工作规章制度，并且在工作中不断总结经验，保证了马列著作的译文质量。中央编译局成立以后，翻译、编辑和校订《马克思恩格斯全集》就成为他们最重要的工作和任务。

人民出版社和中央编译局的成立，揭开了新中国有组织、有计划、大规模出版马列著作的篇章。此后，"三大全集"，即《马克思恩格斯全集》《列宁全集》《斯大林全集》陆续出版。

1. 《马克思恩格斯全集》第一版

《马克思恩格斯全集》中文第一版是根据中国共产党中央委员会的决定，由中共中央马克思恩格斯列宁斯大林著作编译局依照《马克思恩格斯全集》俄文第二版译出的。

在《马克思恩格斯全集》中文第一版第13卷，从第3页到第177页收录了《政治经济学批判》，并包含有《〈政治经济学批判〉序言》。第524页到535页收录恩格斯所著的《卡尔·马克思"政治经济学批判"》。收录的版本是徐坚翻译的，校订稿也全部经徐坚审阅过。

2. 《马克思恩格斯全集》第二版

从1986年7月开始，中央编译局开始着手准备《马克思恩格斯全集》中文第二版的翻译出版工作，《全集》中文第一版的编辑完全按照俄文第二版的内容和体例，中文第二版计划在中文第一版的基础上，依据《马克思恩格斯全集》历史考证版和德文版重新编辑、译校，更加贴近马克思主义创始人的原著。中文第二版全集预计出版60多卷，分四个部分：第1—29卷为著作卷；第30—45卷为资本论及其手稿卷；第46—59卷为书信卷；第60卷以后为笔记卷。无论是从文献篇数还是收文字数都将有显著增加。

其中，中文第二版第30卷与第31卷同属于一个单元，收录了马克思从1857—1861年经济学手稿和经济学著作，分为两组，第1组是1857—1858年经济学手稿，第2组是1859—1861年经济学手稿和1859年出版的《政治经济学批判。第一分册》。在编辑过程中，根据《马克思恩格斯全集》1981年历史考证版第2部分第1卷第2分册和1980年历史考证版第2部分第2卷的德文原文，对中文第1版的译文重新进行校订。《政治经济学批判。第一分册》的校订也参考了原民主德国马克思列宁主义研究院编辑出版的《马克思恩格斯全集》1983年版第42卷和1961年德文版第13卷。

3.《马克思恩格斯选集》

1965年到1966年，中央编译局组织专家选编了《马克思恩格斯选集》第1卷到第4卷，在第2卷中选编了马克思的《〈政治经济学批判〉序言》和恩格斯的《卡尔·马克思〈政治经济学批判〉》。

在1972年版《马克思恩格斯选集》的基础上，中央编译局编译了新版的《马克思恩格斯选集》第1—4卷，并根据《马克思恩格斯全集》德文版和俄文版的新版进行对照译校，调整了一些篇目，在1995年由人民出版社出版了《马克思恩格斯选集》第二版。第二版选集仍然在第2卷收录了马克思的《〈政治经济学批判〉序言》和恩格斯的《卡尔·马克思〈政治经济学批判〉》。

《马克思恩格斯选集》第三版于2012年出版。第三版《选集》是在马克思主义中国化、时代化、大众化事业不断推进的形势下，为适应广大读者学习和研究马克思主义理论的需要而编辑的马克思主义著作精选本。与前两版相比较，第三版对部分结构进行了必要的调整，各卷篇目有所增删。全部4卷中，第2卷为马克思主义政治经济学专卷，收录了马克思的《〈政治经济学批判〉序言》和恩格斯的《卡尔·马克思〈政治经济学批判〉》。

4.《马克思恩格斯文集》（十卷本）

为了给深入学习和研究马克思主义理论提供更加准确的译文和更加翔实的文本资料，中央编译局组织力量精选了马克思和恩格斯在各个时期写的有代表性的重要著作集结成十卷本《马克思恩格斯文集》。其中所收录的著作译文选自《马克思恩格斯全集》中文第一版和第二版以及《马克思恩格斯选集》中文第二版。为了保证译文的准确性，根据最权威、最可靠的外文版本对全部译文重新进行了审核和修订。主要根据的外文版本有：《马克思恩格斯全集》历史考证版（MEGA^2）、《马克思恩格斯全集》德文版（柏林）和《马克思恩格斯全集》英文版（纽约、伦敦、莫斯科）。《文集》第2卷收录了马克思和恩格斯在1848年至1859年期间的著作，其中包括马克思的《〈政治经济学批判〉序言》和恩格斯的《卡尔·马克思〈政治经济学批判〉》，2009年12月由人民出版社正式出版。

5.《政治经济学批判》单行本

新中国出版马列著作数量最多的是单行本，为了方便读者进行专门的阅读和学习，新中国成立以后，《政治经济学批判》也有单行本出版发行或继续印刷。其中，1950年群益出版社（上海）再版郭沫若翻译的《政治经济学批判》，1955年2月人民出版社出版徐坚翻译的《政治经济学批判》，是其中主要的单行本。

徐坚翻译的《政治经济学批判》，1955年2月第一版，1964年9月第二版，第一次印刷2万册，第二次印刷6万册。基本上是按照《马克思恩格斯全集》中文第一版第12卷和第13卷所载译文排印，原译者就是徐坚，译文经过中共中央马克思恩格斯列宁斯大林著作编译局校订过。在这个版本的附录中还收录了恩格斯的《卡尔·马克思〈政治经济学批判〉》和卡·马克思的《关于〈政治经济学批判〉的信》以及卡·马克思的《〈政治经济学批判〉导言》。徐坚的译本基本上是《政治经济学批判》最成熟的中译本，不仅出版了单行本，同时，收录在《马克思恩格斯全集》《马克思恩格斯选集》和《马克思恩格斯文集》中的版本都是以徐坚的译文为基础译本。这里已经形成了规范和通行的名词术语，为中国的马克思主义经济学研究奠定了文本基础，划定了话语规范，具有重要的理论意义。

由于《〈政治经济学批判〉序言》和《〈政治经济学批判〉导言》这两篇著作的篇幅相对短小，在内容上又有相互映照和关联，在不同的历史时期，这两篇重要的文献或单独出版，或联合出版，也有很多不同的版本，在这里就不一一详述了。

（本文来自2016年中央编译出版社出版的史清竹所著《马克思〈政治经济学批判〉研究读本》有关内容。）

政治經濟學批判

卡爾·馬克思著

郭沫若譯

神州國光社出版

政治經濟學批判

卡爾・馬克思 著

郭 沫 若 譯

神 州 國 光 社 出 版
1931

1931．12．初版

版———權
｜　　　｜
｜　　　｜
所———有

每册實價大洋一元

目　錄

序言 …………………………………………………… 1-7
資本一般
第一章　商品 …………………………………… 1　54
　A.商品分析之史的考釋 ………………………37　54
第二章　貨幣或單純流通 …………………55　228
　　1.價值之尺度 ………………………………56　72
　B.貨幣尺度說之種種 ……………………72　87
　　2.流通工具……………………………………87　135
　　　a.商品之蛻變 …………………………………88-104
　　　b.貨幣之循環 …………………………104-115

政治經濟學批評

c 鑄貨價値符號 115-135

3. 貨幣 135-177

 a. 寶藏 140-153

 b. 清付工具 156-172

 c. 世界貨幣 172-177

4. 貴金屬 178-183

C. 關於流通工具與貨幣之學說史 184-228

導論 229-270

序　　言

　　我用這樣的順序來考察有產者的經濟之組織：資本，地權，雇傭勞動；國家，國外貿易，世界市場。在前三項下研究近代有產者的社會所分裂成的三大階級之經濟的生活諸條件；其它三項之關係一見自明。討究資本問題的第一卷第一部，成於下列各章：1. 商品；2. 貨幣或單純流通；3. 資本一般。初二章卽構成本書之內容。全部材料各以單論之形式已在手中，是一向爲個人的自修所草就的，並非爲付印起見，能否依上列計劃編制成書視將來的情形而定。

　　我已經草就了的一篇一般的導論，我拋棄了，因爲過細想時，對於將要證明的結果先行表示，覺得不很妥當，並且想全般地追隨於我的讀者，須得放下決心，由個別的昇到一般。不過關於我自己的政治經濟的研究之徑路，在這兒也不

2 政治經濟學批判

妨敍述一二。

我的專攻是法律學，但我只是作爲哲學和歷史之副次的科目而研究的。在1842年至43年，我擔任着"萊茵日報"之主筆，才第一次走到難關，不能不容喙到所謂重大的利害問題上來。萊茵省議會關於山林盜伐及地權細分事件的討論，當時的萊茵省長封夏培氏（Herr von Schaper），關於摩惹爾農民之情狀，和"萊茵日報"所公開的論爭，最後是關於自由貿易及保護關稅的議論，才第一次刺激了我去研究經濟的問題。另一方面是，在那時候"想更朝前走"的善的意志遠超在事實知見之上，"萊茵日報"中有一種法國的社會主義和共產主義之薄帶着哲學色彩的反響。這樣的拙劣我自己是表示着反對的，但同時我也明白了，在和"一般奧古斯堡人日報"的論爭中，我從來的研究不能許可我對於這法國的傾向之內容，敢加一句怎樣的批判。所以我也就滿高興接受着"萊茵日報"發行人之幻想，以爲把態度放和緩些便可以免掉行將落在該報頭上的死刑宣告，我便從公開的舞台上退囘書齋。

爲解決苦惱着我的疑問我所企圖了的第一項工作，是黑格爾法理哲學之批判的修正，這項工作，出現在1844年巴黎出版的"德法年誌"之導論中。我的研究達到了這樣的成果，便是法律關係與同國家形態由其本身是無從理解，由所謂人類精神之一般的發展也是無從理解，倒甯是植根在物質的生活諸關係之中，這些關係之總和，黑格爾依據十八世紀英法人之先例，統名之爲"有產者的社會"，然而這有產者社會之解剖是應該求之於政治經濟學。政治經濟學之研究，我是在巴黎開始的，後來多蒙幾佐閣下(Herr Guizot)之追放命令又移到了不律塞。我所得到的那一般的結果，一次得到之後便成爲了我的研究之導線的，可以簡單地這樣提挈出來：人們在其生活之社會的生產中竄入於決定的，必然的，與自己意志無關涉的諸關係裏，卽是生產諸關係，這是和人們物質的生產力之某一個旣定的發展階段相應。這些生產諸關係之總和形成社會之經濟的結構，卽是一種法律的和政治的上層建築之所於以建立，而各種旣定的社會的意識形態與之相應的現實的基礎。物質的生活之生產方法規約着社會的政治的和法律的生活過程之一般。不是人們意識決定自己的存在，反是自己的社會的存在決定自己的意識。到了發展中之某一個階段上，社會之物質的生產力與向來於其中所活動着的旣成的生產諸關係，如單依法律的表現時，則爲財產諸關係，陷入於矛盾。這些關係由生產力之發展形態一變而爲生產力之桎梏。於是遂有一社會革命之時期出現。隨着經濟的基礎之變革，全部龐大的上層建築或緩或急地自行崩潰。在此等的崩潰之考察中，須得時常辨別着那種物質的自然科學地可以正確認定的在經濟的生產諸條件中之崩潰，與同人們於以意識着這種衝突而欲突破的那些法律的，政治的，宗教的，藝術的，或哲學的，簡言之卽觀念的諸形態。個人自以爲如是者，不能依據之遽以斷定其爲如是，一種這樣的變革時期同亦不能由其意識以判斷，反是這種意識是當由物質的生活之矛盾，由社會的生產力與生產關係間所已成的鬥爭去求解釋。一種的社會結構，在其尚有充分的餘地足讓一切的生產力發展之前，決不會潰滅，而新的更高級的社會關係，在其物質的各種存在條件在舊社會之母胎中尚未完全成熟時，也決不會出現。所以人類所提出的，總只是自己所能解決的問題，因爲更詳密的省察時你可以知道，只有在問題之解釋上各種物質的條件已經具備了，或者是在其生存之過程中已經把握着了的時候，問題才自行發生。在大體的輪廓上，亞細亞的，古典的，封建的及近代有產者的生產方法是可以表識爲經濟的社會結構之進展的各個時代。有產者的生產諸關係是社會的生產過程中最後的對抗形態，所謂對抗非個人的對抗，而是由於個人之社會的生活條件所成長着的對抗，但是在有產者社會之母胎中所發展着的生產力，同時也在製造着物質的條件以解決這項對抗。於是人類社會之前史便隨着這個社會結構而閉幕。

序　言

佛黎德里肯·昂格斯（Friedrich Engels），自從他那天才的論文關於經濟的諸範疇之批判（在"德法年誌"中）出現以來，我不斷的在和他作文字交，他由別的路徑（參照他的"英國勞動階級之狀況"）和我兩人達到同樣的結果，1845年春他也卜居在不律塞，我們便決心把對於德意志哲學之觀念論的我們的反對見解共同的敍述出來，實際也就是清算我們過去的哲學的良心。這個決心是在後期黑格爾派哲學之批判之形態中成就了的。那項原稿，八開紙的兩大厚册，早就送到了韋斯特法侖的他的出版處，後來我們接到了消息，說是情形變了不能付印。因為我們的主要目的——自我理解——已經達到，所以也就樂意把那項原稿讓給耗子的牙齒去批判了。在當時我們東鱗西爪地在各方面發表過一些意見的零作中，我只擧出昂格斯和我共著的"共產黨宣言"，和我所發表的一篇 "Discours sur le libre échange"（自由貿易論）。我們的意見之要點，在1847年我所發表的反對蒲魯東的論著"哲學之貧困"中，才第一次科學地敍述了出來，雖然尚不免是論辯式的。用德文寫的關於"雇傭勞動"一文，本是我在這個題目之下在不律塞德國工會所講述的講演稿，因為二月革命並因革命的結果我又受了比利時的追放，以致未能印就。

1848年和1849年"新萊茵日報"之發行，繼後又有各種事件，我的經濟學的研究中輟了，1850年在倫敦又才繼續起來。在不列顛博物館中所堆積着的那龐大的經濟學史之材料，在有產者社會之觀察上倫敦所站有的方便的地位，最後是有產者社會隨着加里佛尼亞的和奧大利亞的金礦之發現所顯示出的新的發展階段，使我放下決心更始一新地，用新的材料來批判地改作了一遍。這些研究有時自然要引到在外觀上完全是歧路的各種科目裏去，我在這兒也不能不多少費些時間。然而特別是在我是有用的時間却不能不為餬口之苦業而消費。對於英美第一流的報紙，"紐約導報"，我的八年間的寄稿，因為我只是以例外的辦法從事於專門的報館通信，不可避免地很分割了我的研究時間。因為關於英國國內和歐洲大陸所發生的顯著的經濟事項，在我的寄稿中佔着極重要的部分，所以實世間上的詳情我也就不能不去親近，那些是屬於經濟學之本來的學術範圍以外的。

　　關於我在經濟學之範圍內的研究徑路之這個略述，只是在表明我的見解是本諸良心的而且是長年月間的研究之結果，儘管別人會怎樣批評，儘管我的見解和支配階級之利害本位是怎樣的不一致。然而在科學之進口處，也就和在地獄之進口處一樣，這個要求是須得揭出的：

　　　　Qui si convien lasciare ogni sospetto
　　　　Ogni viltà convien che qui sia morta.

在這兒一切的疑懼都須得抛棄

一切的怯懦都須得在這兒死亡。(註)

1859年一月,於倫敦。

卡爾·馬克思

(註)此二語引自但丁"神曲"之"地獄篇"。

第 一 編

資 本 一 般

第 一 章

商 品

有產者的財富驟視之儼如一個龐大的商品總匯，個個的商品儼若其基本的存在。然而各個商品是在使用價值與交換價值¹之兩重的觀點下呈示着的。

(1)亞理士多德："政治學"第壹卷第九章：

"凡吾人所有之物有二層效用：一層是其物之所固有，二層是非固有，或第二次之效用。例如有靴焉，可用以踐履，亦可用以交易；二者均靴之用。 有靴者以之交易於求靴者而得金錢或食商品在第一着上，用英國經濟學家之說素而言，是"對於生活上之一種必要的，有用的或者適意的甚麼"，是人的慾望之對象物，是極廣義的所謂生活資料。這種作爲使用價值的商品之本質與其本來的可捫觸的存在相一致。例如小麥是一種特殊的使用價值，有異於棉花，玻璃，紙張等之使用價值。使用價值只有在使用上才有價值，只有在消費過程中才能實現。同一的使用價值可以作種種的使用，然其可能的用途之總和却是包括在使用價值之含有種種既定性質的物質的存在之中。再則使用價值不僅在質上受着限定，在量上也受着限定。各種各樣的使用價值依照着它們的本來的特性有各種各樣的度量，例如小麥幾升，紙張幾帙，葛布幾碼等等。

不問財富之社會的形態是怎樣，使用價值總是形成着它的內容，對於這種形態是無可無不可。種出小麥的人是俄國的農奴，是法國的小農，是英國的資本家，你在小麥上玩味不出。使用價值儘管是社會的慾望之對象，因而也就在社會的關係裏面，但它本身並不表示着任何社會的生產關係。這種使用價值上的商品例如是一顆鑽石。在鑽石上你看不

物，是誠得靴之用，然此非靴之所固有或其本初之目的，因靴之爲靴非爲交易而製也。同理可適用於一切之所有物。"（此注原書係希臘文，此依英譯本所引 B. Jowett 氏英譯文關譯。）

出它是否是商品。它在作爲使用價值的使用上,不管是美術的或機械的,不管是在娼女之胸上或在玻璃切工之手中,它是鑽石而非商品。在乎其有使用價值,對於商品似乎是必要的前提,而在乎其爲商品,則對於使用價值是無可無不可的規定。對於經濟上的形態規定,在這種兩可性中的使用價值,即是作爲使用價值的使用價值,是在經濟學的考察範圍之外[1]。使用價值本身要成爲形態規定之後,才能落到經濟學的範圍。它直接地是一種特定的經濟關係即<u>交換價值</u>之所由顯示的物質的基礎。

交換價值,在第一步上看來顯示爲使用價值們彼此間於以交換的量的關係。在這種關係中它們形成着同樣的交換量。所以淡巴菇與哀歌之使用價值雖然不同,而普羅培休士(Propercius)一卷與鼻菸八盎斯可以成爲同等的交換價值。甲種使用價值,在作爲交換價值上,只要有正當的比例存在,直接是和乙種等價。一座宮殿之交換價值可以由一定的靴墨之數量表示。反過來說,則倫敦人之靴墨工場主也可以把他們若干倍的靴墨之交換價值表示爲幾座宮殿。所

(1) 這正是德國的編纂匠人們何以慣愛把使用價值定名爲 "財"(Gut) 而敍述的原故。請參看 L. Stein 氏著 "國家科學之系統" 第壹卷論 "財貨"(Guetter) 章。欲知 "財貨" 之意須在 "商品學指南" 中去尋求。

以商品與商品，對與它們本來的存在性質完全是無可無不可，對於使它們成為交換價值的那慾望之個別性也毫無顧慮，而於一定的分量之中相彌縫，於交換之中相補苴，同視為等價之物，儘管它們在外觀上有各種各樣的不同，却呈現為同一的單位。

使用價值直接地是生活資料。但反過來說，這生活資料却是社會的生活之產物，是支付了的人的生活力之成果，是對象化了的勞動。在作為社會的勞動之具體化上，一切的商品是這同一的單位之種種的結晶化。這個單位，就是勞動，是表現為交換價值的勞動，我們現在來考察它的特性。

一盎斯黃金，一噸鐵，一卡特小麥和二十碼絲帛是同等交換價值。它們在作為這樣的等價物上，其使用價值之質的差別是消滅了的，是表現着同種勞動之同一的分量。在此等物品中平等地具象化了的勞動，其本身當得是同形態的，無差別的純一的勞動，這勞動不問是具現在金裏，鐵裏，小麥裏，絲帛裏，它是無可無不可的，就如像氧氣之或在鐵銹裏，或在大氣裏，或在葡萄汁裏，或在人血裏一樣。但是淘金，採鐵礦，種小麥，織絹，却在質上是互相懸殊的勞動樣式。實際是凡在物品上表現為各種使用價值之差異的，在過程上是表現為製出各種使用價值的操作之差異。製造使用價值的勞動，對於使用價值之個別的資料是無可無不可，對於勞動本身之個別的形態也是無可無不可。各種各樣的使用價值更是各種各樣的個人操作之成果，也就是個性地區別着的勞動之成果。但是在作為交換價值上却是平等的無差別的勞動，即是勞動者之個性在其中消滅了的勞動。所以製造交換價值的勞動是在抽象上的一般的勞動。

假如一盎斯黄金，一噸鐵，一卡特小麥和二十碼絲帛是相等的交換價值或等價物，那嗎一盎斯黄金，半噸鐵，三布昔小麥和五碼絲帛是完全不等量的交換價值，而這量的差別，便是這些物品一般地作為交換價值上所能有的唯一的差別，這些物品在作為不等量的交換價值上是表現着那種純一的，同形態的，在抽象上的一般的勞動之或多或少，或大或小的一定分量，勞動是交換價值之本體。那嗎這種分量請問如何計量？問題或者寗是這樣，商品之量別在作為交換價值上旣只是在其中具象化了的勞動之量別，那嗎那勞動本身之量的存在究竟是甚麼？運動（譯者注：此乃力學上之運動）之量的存在是時間，同時勞動之量的存在是勞動時間。假定有某種性質之勞動已定，其所能有的唯一的差別，便是勞動本身的延綿之差別。勞動在勞動時間準據天然的時限，如時間，日，星期及其它，得到它的尺度。勞動時間是勞動之有機的存在，對於勞動形態，勞動內容，勞動個別性，都是無可無不可的；它在定量上，同時在作為內在的尺度上，是勞動之有機的存在。在商品之使用價值中具象化了的勞動時間，是使使用價值成爲交換價值，卽是成爲商品的本體，同時也計量着商品之一定的價值量。同一的勞動時間所具象化了的，種種使用價值之相關的種種分量，是等價物，卽是一切的使用價值，在把同一的勞動時間消費，具象化，而保存着的那種比例之內，是等價物。一切的商品在作爲交換價值上只是凝固了的勞動時間之一定量。

爲要理解交換價值之由勞動時間以決定，下述的主要觀點須得牢記：勞動向純一的，可云無實的勞動之還元；製造交換價值的，卽產生商品的勞動，所謂社會的勞動，其所在的個別的種類與方法；最後是凡結果成爲使用價值的勞動，與凡結果成爲交換價值的勞動間之差別。

欲以商品中所含的勞動時間以計量商品之交換價值，種種的勞動本身須得還元於無差別的，同形態的，純一的勞動，簡言之卽還元爲質則同一，因而只有量差的勞動。

這種還元是顯示爲一種抽象，但是是在社會的生產過程中日日完成着的一種抽象。一切商品溶解爲勞動時間，比諸一切有機物質之化爲空氣，並不是更大的抽象，也並不是更空的現實。事實上，像這樣由時間所計量的勞動，並不顯示爲種種主體之勞動，甯是種種勞動着的個人反顯示爲勞動之單純的器官。卽是表現爲交換價值的勞動，可以作爲一般地人的勞動而表示。這一般地人的勞動之抽象存在於某個社會之各個平均個人所能操作的平均勞動之中，卽是人的筋肉，神經，腦髓及其它之一定量的生產的耗費。那是各個平均個人所能聽受編配，而在或此或彼的形態中所不能不操作的單純的勞動[1]。這種平均勞動之性質在各種國土各種文化時期中也是各不相同，但它如上所述，是在一個旣成的社會之內的。這單純勞動在有產者社會之一切的勞動中形成着沒大的部分，這是每種統計所能證明的。A某六點鐘產鐵六點鐘產葛布，B某也同樣六點鐘產鐵六點鐘產葛布，或則是A某十二點鐘產鐵而B某十二點鐘產葛布，這一眼看來顯然是同一的勞動時間之僅僅不同的應用。然在複合的勞動，卽是有更高級的老機性，有更大的比重之勞動而超出於平均標準以上者，又是怎樣？這種勞動分解爲集合着的單純的勞動，能力更高的單純的勞動，就例如一天的複雜的勞動日等於三天的單純的勞動日。規定這種還元的定律，在這兒還不好敍述。總之還元之存在，却是顯明的：因爲作爲交換價值的最複雜的勞動之產物在一定的比例內是對於單純的平均勞動之等價物，也就是等於這單純的勞動之一定量。

更進，交換價值之規定以勞動時間，更有下列的假定，卽是在某一種商品中，例如是一噸鐵，是有同量的的勞動具

(1)英國經濟學者名爲"Unskilled labour"（不熟練勞動）．

象化了,不管那是A某的,還是B某的勞動,亦卽是不同的個人把等大的勞動時間用在了質量雙方都規定了的同一的使用價値之生產。更換句話說,是這樣假定着的,便是在一種商品中所含的勞動時間是在生產這種商品上所必要的勞動時間,卽是說在所與的一般的生產諸條件下產生出同一的商品之一個新的貨樣時所消費的生產時間。

製造交換價値的勞動之諸條件,像由交換價値之分析所已顯示,是勞動之社會的諸規定或社會的勞動之諸規定,但是所謂社會的不是尋常的意義,而是有一種特殊的意義。那是社會性中之特殊的一種。勞動之無差別的純一性首先是不同的個人們之勞動之平等,是他們的勞動作為彼此相等的交互關係,而且是由一切勞動之向等質的勞動之事實上的還元。每個個人之勞動,凡是表現在交換價値中的,有這種社會的平等性格,凡是與其它一切個人之勞動是在作為相等的關係上,它才得表現為交換價値。

更進,在交換價値中,單獨的個人之勞動時間直接地顯示為一般的勞動時間,而這個別的勞動之這種一般的性格顯示為個別勞動之社會的性格。在交換價値中所表現着的勞動時間是個人的勞動時間,但和別的個人是無差別的個人,是在完成着同等工作的一般的個人,所以由一個人在生產一定的商品上所需費的勞動時間是每個別的個人在生產同樣的商品上所當費用的必要的勞動時間。必要的勞動時間是個人的勞動時間，是他的勞動時間，然而是只作爲共通於一般人的勞動時間，因爲它是誰個個人的勞動時間，那是不關照的。它在作爲一般的勞動時間上表現于一個一般的生產物，一個一般的等價物，一定量的對象化了的勞動時間，這對于使用價值之一定形態，在直接作爲某一個人之生產物上所于以表現着的，是無可無不可，而在使用價值之各個其它的形態中，在作爲各個其它的人之生產物上所以表現着的，也能任意的置換。只有在作爲這樣的一般的量上才算是社會的量。要成就爲交換價值的個人的勞動，必須成就爲一個一般的等價物，那是說個人的勞動時間表現爲一般的勞動時間，或一般的勞動時間表現爲個人的勞動時間。那就好像種種的個人把他們的勞動時間一同投出了，把他們所能共同處分的勞動時間之種種的分量在種種的使用價值中表現了的一樣。所以個人的勞動時間實際上就是，社會在某種一定的使用價值之制作上，卽某種一定的慾望之滿足上，所需要的勞動時間。但是這兒是論到勞動于以得到社會的性格的那種特殊的形態。紡絲工人之某種一定的勞動時間，譬如說是在一百磅的洋線裏具象化了。一百碼的洋布，這是織布工人之生產物，也假定爲表現着同量的勞動時間。這兩種生產品只要是表現着等人量的一般的勞動時間，因而是對于含有等量勞動時間的每種使用價值的等價物,那嗎它們是互爲等價物的。紡絲工人之勞動時間與織布工人之勞動時間作爲一般的勞動時間而表現着,因而他們的生產品是作爲一般的等價物而表現着,只有經過這樣的手續,那織布工人之勞動才是爲(去聲)紡絲工人的,紡絲工人之勞動才是爲織布工人的,甲的勞動是爲乙的勞動,即是說兩者的勞動之社會的存在是兩兩相爲。在鄉村宗法制下的手工業中則不然,在那兒紡工與織工同集在一家屋頂之下,家族中之女子司紡事,男子司織事,爰以供家人之自給,則線與布在一家族之範圍內是社會的生產品,紡與織是社會的勞動。然而它們的社會的性格之成立,不是說作爲一般的等價物上的線對于作爲一般的等價物上的布,或是二者同作爲一般的勞動時間之同等同量的表現而相互交換。家族關係宥是以它的自然生長的分業在勞動之生產品上印下了它的固有的社會的鈐記。再則我們把中世紀之現物賦貢或現物俸給來考察罷。在自然形態中的個人們之特定的勞動,即勞動之特殊性而非一般性,是在這兒形成着社會的靱帶的。最後我們也可以把在自然生長的形態中的共同勞動引來看看,這是我們在一切文明民族歷史之開幕期我們所能看見的[1]。

(1)近來有一種可笑的偏見傳佈,以爲自然生長的共產制是特別屬於斯拉夫的,或竟說完全是俄國人的制度。其實這是一種古制,在這兒勞動之社會的性格顯然不是由這樣媒介出的，不是說個人的勞動取着一般性之抽象的形態，或他的生產品取着一般的等價物之形態。那是一種共同體以爲生產之前提，使個人的勞動不能成爲私人勞動，個人的生產品不能成爲私人生產品，甯是使個人的勞動直接地顯示爲社會有機體之一器官之官能。表現在交換價值中的勞動，是作爲單獨化了的個人之勞動而前提着的。它要取着正反對之形態，卽抽象的一般性之形態，然後才賦有社會性。

最後使製造交換價值的勞動賦有特徵的，是連個人們之社會的關係都要顚倒地表示出來，卽是表示爲事物之社會的關係。只有在一種的使用價值作爲交換價值上和他種的使用價值發生關係時，各種的個人之勞動才相互地在作爲同等的一般的勞動上而發生關係。所以假如可以說，交換價值是個人與個人間之一種關係[1]，那卻須要加上一句：是

> 我們在羅馬人中，日耳曼人中，克爾特人中都能證明，就是在印度人裏面，雖然有一部分的凋落，但都還帶着無數證據的很完整的標本現存着。假使對於亞細亞的，特別是印度的共產制如作更詳密的研究時，自然生長的共產制之種種的形態怎樣解體而爲種種的形態，是可以證明出的。例如羅馬人與日耳曼人的私產制之種種的原型會可以從印度人的共產制之種種的形態中導引而出。
> (1) "價値者二人間之一關係也" Galiani 著 "貨幣論"，1803年米

在物的包裹之下隱藏着的關係。就如一磅鐵與一磅金雖然有種種物理的與化學的性質之不同而是表現着同一的重量一樣，在其中有同等的勞動時間包含着的兩種商品之使用價值，是表現着同一的交換價值。所以交換價值是顯示爲使用價值之一種社會的自然決定性，這種決定性是屬於作爲物品上的使用價值，由這種決定性，使用價值與使用價值在交換過程中以一定的量的關係而相互補充，相互形成爲等價物，恰如簡單的化學的原素以一定的量的關係而互相結合，構成化學的等價物一樣。社會的生產關係取着對象物之形式，因而在勞動中人與人之關係反是表現爲物與物之關係和物與人之關係，一般以爲尋常，以爲自明者，只是由于日常生活之習慣。在商品中這種神祕化更是極其簡單。作爲交換價值的商品與商品之關係實是人與人對于各自的生產活動之關係，這在一般人多少是想像得到的。這種單純性之假像在更高級的生產諸關係裏是可以消滅的。貨幣學派之一切的錯覺之所由生，是沒看出貨幣是一種社會的生產關係之表現，而却看成爲有種特殊性質的自然物之形態。蔑視貨幣學派之錯覺的，近代經濟學家，只要他們一論到更高級的經濟範疇，例如資本，立地便陷在同樣的幻覺裏。他們的馬脚是露在那種素樸的驚嘆裏面，他們所驚嘆的

拉諾出版Custodis編"意大利經濟學之古典的文獻" III卷220頁。

是剛好笨拙地想要固定為實物者，突然又表現為社會的關係，剛好作社會的關係而固定了，突然又表現為實物而揶揄他們。

因為商品之交換價值實際上不外是各個人之勞動相互平等相互共通者之關係，不外是勞動之一種特殊的社會的形態之具體的表現，所以要說勞動是交換價值之唯一的源泉，因而也是財富之唯一的源泉，只要財富是成立于交換價值的時候，那是同義語反覆。又如說自然物之為自然物者不含何等之交換價值[1]，因為不含何等之勞動，又因為交換價值之為交換價值者不含何等之自然物質，這也同樣是同義語反覆。然在威廉•培蒂（William Petty）所云"勞動者財富之父，土地者財富之母"，或則如白克萊（Bishop Berkeley）之問語"四大元素及其中之人工勞動寧非財富之真源[2]，"

(1)"凡物在其自然狀態中常缺乏價值"。Mac Culloch著"論經濟學之起源，進展，特殊目的，及其重要性"。據普雷沃斯特譯本，1825年日內瓦出版，第57頁。在此可以見到，即如 Mac Culloch 者亦遠超者德國"思想家"的拜物主義之上，彼等以"物質"及其它半打之雜什認為價值之原素。參照前揭L. Stein之著書，壹卷110頁。

(2).Berkeley著"質問者"，倫敦，1750年版。

"Whether the four elements, and man's labour there'n, be

又或如美國之安默司·庫伯爾（Thomas Cooper）平易其辭曰："試舉麵包一斤于此，除去其中所費之勞動，即燒麵包者，磨麵粉者，種麥者等等之勞動，則所餘者爲何物？二三野生而不適于人用之草實耳"[1]，在這種種的觀照中所說的但從交換價值之源泉的抽象的勞動，當是實質的財富之源泉的具體的勞動，簡言之即是在產生使用價值的範圍內之勞動。因爲商品之使用價值是前提着的，所以商品中所吸收的勞動之特殊的有用性和旣定的合目的性也是前提着的，不是商品之立場上看來，這話却是把認爲有用的勞動之勞動上的一切的考慮都道盡了。在認爲使用價值的麵包上使我們留意的是認爲營養料的麵包之性質，決不是種麥者，磨麵粉者，燒麵包者等等之勞動。假如由某種發明省去勞力的二十分之十九，一斤麵包的功用會依然無變。又假如它是從天上降下來的，那它的使用價值之每一個原子也都不會失掉。製造交換價值的勞動是在認爲普遍的等價物的商品之同等性中實現的，而認爲合目的性的生產的操作之勞動是實現于商品之使用價值之無限的多樣性中。製造交換價值的勞動是在抽象上普遍而相等的勞動，而製造使用價值的勞

not the true source of wealth？"

(1) Th. Cooper 著"經濟學原理講義"，倫敦1831年（哥倫比亞2180年）版，99頁。

動則是具體的特殊的勞動，依形態與質料而派別爲無限不同的勞動方式。

凡勞動只在製造使用價值的範圍之內者，要說它是由它所製出的，卽實質的財富之唯一的源泉，那是錯誤。因爲它是使物質適合于這種或那種目的者之操作，它須得以物質爲其前提。在種種不同的使用價值中勞動與自然物質間之比例十分的不同，但是使用價值總須得有自然的根底。在作爲使自然物于某種或它種形態中化爲己有的合目的性的操作上，勞動是人的生存之自然條件，是人與自然之間與一切社會的形態不相關係的一種物質交換之條件。製造交換價值的勞動則反是，它是一種勞動之特殊地社會的形態。例如縫工勞動在其實質的定性中作爲特殊的生產的操作上，是在生產衣服，但非生產衣服之交換價值。縫工勞動之生產衣服之交換價值，不是作爲縫工勞動，而是作爲抽象上的一般的勞動，這是屬于一種社會機構上的，與縫工的針黹無關。所以在古代的家內的工業中織布者生產衣服，而不生產衣服之交換價值。勞動之爲實質的財富之一源泉者，此爲稅吏亞丹・斯密所知，亦立法者摩西之所知[1]。

(1)F. List 氏不知兩種勞動間之區別，其一爲有用物，卽製造使用價值者，又其一爲財富之一定的社會的形態，卽製造交換價值者；理論對於此人之偏於實際的頭腦眞是大有距離，所以他竟把英國現在讓我們來考察幾項更詳細的規定，這是由交換價值之歸趨于勞動時間上所發生的。

商品本來是作爲使用價值而作用的。例如小麥是作爲養料而作用。一架機器是在某種關係之內代替勞動。商品的這種作用，商品由之而專爲使用價值，爲消費之對象者，可以稱爲商品之效用，這是商品作爲使用價值上所盡的效用。但在作爲交換價值上商品總只是視爲成果。那與商品所盡的效用無關，甯是在商品之生產時所盡于商品之中的效用[1]。所以例如一架機器之交換價值，不由它所能替代的勞動時間之量而定，而由在它的製造上所費的，因而也可以製造一架同種的機器的，勞動時間之量而定。

所以假如在商品之生產上所費的勞動量是一定不變，那嗎商品之交換價值也會不變。但是生產之難易是時常變更着的。勞動之生產力增加，則勞動于更短的時期之內產出同一的使用價值。勞動之生產力減跌，則于同一使用價值之生產上費時更多。所以在一種商品中所含的勞動時間之量，

的近代的經濟學家們看成了埃及的鹽西之單純的剽竊者。

(1)我們可以知道，"效勞"（德 Dienst，英 service）這個範疇對於 J. B. Say 和 F. Bastiat 一類的經濟學者們會給予一種怎懷的效勞，他們的思索的聰明：如 Malthus 所正確地指示過的，是隨時隨地由經濟的諸關係之特殊的形態規定抽象而來。

卽是商品之交換價値，是增減無定的，其增減與勞動的生產力之增減成反比。勞動之生產力，這在製造工業中有豫定的規度適用，在農業與採掘工業中同時是由不能統制的自然關係制約着的。同一的勞動所採掘的各種的金屬有多有少，要看地売中所有之金屬含量而定。同一的勞動豐歲可收二布昔小麥，嗇歲或只能收一布昔。自然關係之豐嗇在此顯示着決定商品之交換價値，因爲它們是決定着特種現實的勞動之緊繫于自然關係上的生產力。

各種不同的使用價値在不等的容量中包含着同一的勞動時間，或同一的交換價値。一種商品包含勞動時間之一定量，其使用價値之容量，比他種的使用價値愈小，則其比較的交換價値愈大。例如金銀銅鐵，或則小麥䅉麥大麥燕麥，種種的使用價値在種種遠相隔絕的文化期中彼此之間形成着一列的比較上的交換價値，這在數字上雖不必有一定的比例，而彼此之間普遍的優劣順序之關係是保存着的。我們如看到了這個事實，便可以知道社會的生產力之前進的發展，對于上列各商品之生產上所需要的勞動時間，是等量地或近于等量地作用着的。

一種商品之交換價値不在該商品所固有的使用價値中顯示。但是在作爲一般的社會的勞動時間之具體化上，一種商品之使用價値對于別種商品之使用發生關係。一種商品之交換價值所以是顯示在別種商品之使用價值中。所謂等價物，實際就是在別種商品之使用價值中所表現出的一種商品之交換價值。例如我說一碼葛布值兩磅咖啡，那嗎洋布之交換價值是表現在咖啡的使用價值之中，而且是表現在這種使用價值的一定量之中。這項比例旣定，那我可以把洋布的任何分量之價值表現在咖啡裏面。一種商品之交換價值，例如葛布，不消說是不限定在某種特殊的商品，例如咖啡，于以形成爲它的等價物的那種比例裏面的。一般的勞動時間之分量，其表現爲洋布之一碼者，同時能實現于一切他種商品之使用價值之無限地種種不同的容量。在這每種別的商品之使用價值于以表示着等量的勞動時間的那個比例之中，各各形成出一個洋布一碼之等價物。這單獨的商品之交換價值所以只有在一切別種商品于以形成其等價物的，無量數的等式中才能表示盡致。只有這種種等式之總和中，或是在一種商品于以和每種別的商品交換着的各種不同的比例之總匯中，作爲一般的等價物上才能表現盡致。例如下列諸等式

　　　1碼葛布 ＝ ½磅茶，
　　　1碼葛布 ＝ 2磅咖啡，
　　　1碼葛布 ＝ 8磅麵包，
　　　1碼葛布 ＝ 6碼棉布，

可以表示如下

1碼葛布＝½磅茶＋½磅咖啡

＋2磅麵包＋1½碼棉布。

所以假如我們能有這種種等式的總和在我們面前，一磅葛布之價值于以表現盡致的，那我們可以把它的交換價值表現爲一列的形式。事實上這種列式是無際限的，因爲商品世界並無一定之範圍，甯是時常是在擴張。但是像這樣一種商品既可以于一切他種商品之使用價值中以測量其交換價值，則一切他種商品之交換價值亦可于此種商品之使用價值中以事測量[1]。葛布1碼之交換價值既可表現爲½磅茶，或2磅咖啡，或6碼棉布，或8磅麵包等等，則茶，咖啡，棉布，麵包等等，在它們對于第三者之葛布相等的比例中，是彼此相等，所以葛布便成爲它們的交換價值之共通尺度。在作爲具體化了的一般的勞動時間上之每種商品，即一般的勞動時間之一定量，把它們的交換價值依着順次表示在一切別種商品之使用價值之種種定量裏，而一切他種商品之交換價值也就反過來表現在這一種專指的商品之使用價值裏面。但是在作爲交換價值上每一種商品也就是這一種專指

(1) "度量之性質對於被度量之物有這樣的一種關係，便是被度量之物，在某種方法之下，可成爲度量者之度量。" Montanari 著 "貨幣論"，見 Custodis 纂集，第叁卷，古典篇，第48頁。

的商品，爲一切他種商品的交換價値之共通尺度，而同時也只是許多的商品之一，在那全連鎖中每一種別的商品都直接表現着它的交換價値。

一種商品之價値量，與該商品外所存的他種商品之或多或少無關。但是等式之一列，于其中該商品之交換價値所由實現者，其或大或小，則以別種的商品形態之或多或少爲準。等式之一列，例如咖啡之價値所由以表示者，表現出咖啡之可交換性的範圍，即是咖啡作爲交換價値上能發生作用的境界。在作爲共通的社會的勞動時間之具體化上的一種商品之交換價値，其等價物與之相應，表現在無限不同的使用價値中。

我們已經知道，一種商品之交換價値是依着在其中所直接含有的勞動時間之分量而增減。它的實現了的，即是說在別種商品之使用價値中表現着的交換價値，也不能不依據于一切別種商品之生產上所需費了的勞動時間之增減着的比例。例如一先費爾小麥之生產上所需要的勞動時間假設爲固定不變，而一切他種商品之生產上所費了的勞動時間增加了兩倍，那嗎一先費爾小麥之交換價値，表現於其等價物中的，會減少一半。結果在實際上，就好像在一先費爾小麥之生產上所需要的勞動時間是半減了，而在一切他種商品之生產上所費的勞動時間沒變。諸商品之價値是由它們在同一的勞動時間中所能產生出的比例而定。這種比例能夠生出怎樣的變化，我們假設A與B＝商品來考察。第一：假定B之生產上所需費的勞動時間不變。在這時表現於B中的A之交換價值之昇降，直接與A之生產上所需費的勞動時間之昇降成正比。第二：假定A之生產上所需費的勞動時間不變。表現於B中的A之交換價值之昇降，與B之生產上所需費的勞動時間之昇降成反比。第三：A與B之生產上所需費的勞動時間之昇降，假定其比例相等。在這時A於B中之等價物之表現一定不變。假使由某種情況之故一切勞動之生產力同量的低落，以致一切商品在其生產上逐同率地需費更多量的時間，那麼一切的商品之價值便會增加，其交換價值之現實的表現會一定不變，而社會之實際的財富，因為在製出等量的使用價值上需費更多的勞動時間，所以便會低落。第四：A與B之生產上所需費的勞動時間，兩方面都有昇降，但其比率不等，或則A所需費的時間會昇，而B的會降，或則其反。這些情形都可以簡單的歸納出來，便是一種商品之生產上所需要的勞動時間不變，而別種的却或降或昇。

每種商品之交換價值都表現在每別一種商品之使用價值裏，不問其於以表現者係該種使用價值之全部或局部。在作為交換價值上，每種商品都和該商品中所具體化着的勞動時間之本身一樣，是可以分割的。諸商品之等價物，和那作爲使用價值上的該商品等之物理的可分性，是了不相關，也就和諸商品之交換價值之總和，對於該商品等之使用價值在轉化爲一種新的商品時所經受的形態變化，是不聞不問的一樣。

以上商品是在兩重的觀點之下，作爲使用價值的與作爲交換價值的，各各單方面地受了觀察。然而商品也者是使用價值與交換價值之統一；同時且只有在與別種商品相關係時方得成爲商品。商品與商品之實際的關係是它們的交換過程。那是各不相關係的個人竄入於其中的社會的過程，但他們是以商品所有者的資格而竄入的；他們彼此相關的存在也就是他們的諸商品之存在，所以在實際上看來他們只是交換過程之有意識的負荷者。

商品是使用價值，小麥，葛布，鑽石，機器等等，但在作爲商品上商品同時又不是使用價值。假如它對于它的主人是使用價值，即是說是直接滿足他個人慾望的手段，那嗎它便不算是商品。對于主人它竟是非使用價值，即是單純的交換價值之負荷者，或單純的交換資料；使用價值在作爲交換價值之實質的負荷者上便成爲交換資料。商品對于主人並且只有在作爲交換價值上才是使用價值1。所以商

(1) 亞里士多德（參看本章開端處所引用的文句）所理解着的交換

品才算成為了使用價值,而是對於別人的。因為它對于自己的主人不是使用價值,而對于有別種貨物的主人才是使用價值。假使不然,那費在它上面的勞動是無效的勞動,其勞動的成果自然也就不是商品。在另一方面,商品對于所有者的本身是不能不成為使用價值,因為在這商品之外,在不屬于他的商品等之使用價值中,他的生活資料是寄存着的。為要成為使用價值,商品必須對于特殊的慾望相照應,對於此慾望該商品為其滿足之對象。所以諸商品之使用價值,要全盤更換地位,要由甲手,在此中該商品等是作為交換資料,轉移于乙手,在此中該商品等是使用對象,然後才成其為使用價值。只有由這種商品之全盤的推銷,其中所含有的勞動才成為有效的勞動。諸商品在這種相互作為使用價值的交換過程的關係中並不受任何新的經濟上的形態規定。反是賦商品以特徵的形態規定,歸於消滅。例如麵包從燒麵包者的手中移到消費者的手中時,不改變其為麵包之存在。反是,在燒麵包者的手中麵包是一種經濟的關係之負荷者,是一種感官上的超感覺的物品,落到消費者才把它當成使用價值,當成既定的食料而發生關係。所以這種唯一的變形,諸商品在其成為使用價值時所竄入的,是它們對于主人為非使用價值·對于非主人是使用價值的,那種形態上的存在之價值,正是在這種規定上·

揚棄。諸商品之成爲使用價值以其全盤的推銷，以其向交換過程之竄入爲前提，但其對于交換上的存在是他們作爲交換價值上的存在。所以商品爲要作爲使用價值而實現，必須作爲交換價值而實現。

單獨的商品在使用價值之觀點下假如本來是顯現爲獨立的物品，那嗎它在作爲交換價值上却開首便是在對於一切他種商品之關係上受着考察的。但是這種關係却只是一種理論上的，思索上的。這種關係只有在交換過程中才能證實。在另一方面，只要有一定量的勞動時間是在商品中消費了，因而商品是具體化了的勞動時間時，商品也就是交換價值。但是，僅就它的本身上來說，它只是有特殊的內容之具體化了的個人的勞動時間，而不是一般的勞動時間。所以它不是直接的便是交換價值，反而是不得不先成爲這樣。只有凡是在某種有效的效用裏面，卽是在一種使用價值裏面，表現着勞動時間，它才能夠是一般的勞動時間之具體化。這是實質的條件，只有在這下面，商品中所包含的勞動時間是作爲一般的，社會的，而豫定着的。所以商品假如只是在作爲交換價值而實現時，才能成爲使用價值，則在另一方面，商品只是在推銷之中證明其爲使用價值之後，才能實現爲交換價值。一種商品在作爲使用價值上是只能向這種人推銷的，對於這種人凡是使用價值，卽是說是特殊的慾望之對象。在另一方面它只能對於某一種別的商品推銷,或者假如我們是立在別種商品之所有者的一方面,該所有者也只有在把他的商品和特殊的慾望,其對象即其商品者的,接觸之後,才能推銷其商品,即是說實現其商品。所以諸商品在其作爲使用價值上的全盤的推銷中,依據它們作爲特殊的物品上,即以各個的性質以滿足特殊的慾望上,之實質的差異而互相關係。但是在作爲這樣的單純的使用價值上,諸商品之存在,彼此間是若有若無,且甯是毫無關係。在作爲使用價值上,諸商品只在對於某某種特殊的慾望之關係中才能交換。但是它們是只有作爲等價物才能交換的,且只有作爲具體化了的勞動時間之等量才成爲等價物,所以對於諸商品之作爲使用價值上的自然的性質的,因而是對於諸商品之於某某種特殊的慾望之關係的,所有一切的顧慮均完全消滅。一種商品甯是在它作爲等價物上,任意地可以和別種商品之一定量置換,不管它對別種商品之所有者是使用價值或非是,它才證實了它是作爲交換價值上的一種商品。但是只要它對於別種商品之所有者是交換價值時,它對於他才成爲商品,在它對於別人是商品時,它對於自己的所有主才成爲交換價值。就這樣,這個同樣的關係當得是本質上相等只是量有大小的諸商品之關係,當得是在作爲一般的勞動時間之具體化的諸商品之同等化,而同時亦當得是作爲質上相異的物品的，即是作爲對於特殊的慾望之特殊的使用價值的，諸商品之關係，簡言之，即是在作爲實際的使用價值上當得是差別化的關係。但這同等與差別交相排斥，所以不僅因爲甲種的解釋以乙種的解釋爲前提，以致形呈出一個循環論證，並且因爲甲種條件之滿足直接與其反對的條件之滿足緊相關聯，更形呈出矛盾的諸要求之一個總匯。

商品之交換過程應該是這些矛盾之展開，同時也是這些矛盾之解決，矛盾在那過程中雖然不能以這樣簡單的方法表示。我們所考察過的只是商品本身是怎樣地在作爲使用價值上互相關係着，即是說商品在作爲使用價值上是怎樣地出現到了交換過程之內部。而交換價值，如我們在上文考察過的，却只是在我們的抽象裏面，或者也可以說，是在單獨的商品所有者之抽象裏面，商品在作爲使用價值上是存在他的庫裏，在作爲交換價值上是存在他的意識裏。但是商品本身在交換過程中不僅是互相作爲使用價值而存在，而且也是作爲交換價值而存在，商品之這種存在並且應該是它們的固有的關係。我們第一着會碰着的困難是，商品爲要表示爲交換價值，表示爲對象化了的勞動，商品必須先作爲使用價值而推銷，送到別人的手裏，而商品之作爲使用價值的推銷却又以商品之作爲交換價值上的存在爲前提。但是假定着這種困難是已經解釋了。商品是已經脫掉了它的特殊的使用價值，由其推銷已經把那實質的條件，使它免掉是個人之特殊的勞動，而成為社會的有用的勞動之實質的條件，是滿足了的。那嗎商品在交換過程中，對於別的商品們便必須是交換價值，是一般的等價物，是對象化了的一般的勞動時間，而不再是某一種特殊的使用價值之限定了的作用，却是把一切的使用價值直接表示為自己的等價物的表示力。但是每種商品都是這種商品，便是由它的特殊的使用價值之推銷不得不成為一般的使用價值之直接的體現的。但是在另一方面，在交換過程中是只有特殊的商品們互相對立着，只有在特殊的使用價值中所具體化了的私人勞動對立着。這一般的勞動時間本身是一種抽象，在作為抽象的這一般的勞動時間對於商品是不存在的。

我們試來考察這些等式們之總和，一種商品之交換價值於以發現出它的現實的表現的，例如：

1碼葛布＝2磅咖啡

1碼葛布＝½磅茶

1碼葛布＝8磅麵包及其它，

這些等式們看起來自然是說，有相等的分量之一般的社會的勞動時間是在1碼葛布，2磅咖啡，½磅茶及其它等等中對象化了。但在實際上這些個別的勞動們，在這些特殊的使用價值們中所表示着的，是只有在準據着它們之中所包含着的勞動時間之長短實際地互相交換時，才成為一般的，在這種形式中才成為社會的之勞動。社會的勞動時間所以說只是潛存在這些商品裏面，只有在它們的交換過程中才表顯出來。它不是由作為共通的勞動之個人的勞動而出發的，甯是由私人之特殊的勞動，這些勞動是在交換過程中把自己本來的性質揚棄之後才證明為一般的社會的勞動的。所以這一般的社會的勞動不是預定的前提，而是方成的結果。這樣又有新的困難出來了，便是商品一方面是不能不作為對象化了的一般的勞動時間向交換過程中沒入，而另一方面則作為一般的勞動時間上之個人的勞動時間之對象却只是交換過程之產物。

每種商品都須得把自己的使用價值推銷，卽是把自己原有的存在推銷，以得到它們的作為交換價值上的相應的存在。所以商品在交換過程中必得把自己的存在雙重化。在另一方面，它的作為交換價的第二的存在只是另外的一種商品，因為在交換過程中是只有商品與商品對立。一種特殊的商品怎樣直接地表示為對象化了的一般的勞動時間，或則對於那在一種特殊的商品中對象化了的個別的勞動時間，直接賦與以一般性之性格的，究竟是甚麼？一種商品，卽是在作為一般等價物上的每一種商品，其交換價值之真實的表現，表示在無窮的一列等式之中：

1碼葛布＝2磅咖啡，

1碼葛布＝½磅茶，

1碼葛布＝8磅麵包，

1碼葛布＝6碼棉布，

1碼葛布＝其它等等。

商品在作為對象化了的一般的勞動時間上只是思索着的時候，這個表現是理論的。作為一般的等價物的某種特殊的商品之存在，只由上列的各個等式之簡單的一轉換，便由純粹的抽象成為交換過程之社會的成果。例示如下：

2磅咖啡＝1碼葛布

½磅 茶＝1碼葛布

8磅麵包＝1碼葛布

6碼棉布＝1碼葛布

咖啡，茶，麵包，簡言之卽一切的商品，這些都把自己體內所包含的勞動時間表現在葛布裏面，而葛布之交換價值却展開在作為它的等價物的那一切它種商品之中，而它自己體內對象化了的勞動時間却直接地成為一切它種商品之種種不等量中所平等地表示着的一般的勞動時間。葛布在這兒由一切它種商品所加於它的全面的作用成為一般的等價物。在作為交換價值上每種商品都成為一切它種商品之價值之尺度。反之，如一切的商品把它們的交換價值在某一種特殊的商品中測量時，這項獨特的商品成為交換價值之妥當的存在，其存在是作為一般的等價物。在這兒那無窮的一列或無限多的等式，每種商品之交換價值於以表示着的，括約為僅由2項而成立的一個等式。2碼咖啡＝1碼葛布現在是咖啡之交換價值之盡致的表現，因為它是在這個表現中直接卽顯明着是對於各種別的商品之一定的分量上的等價物。所以在交換過程之內部，商品們現在是在葛布之形態中互相為交換價值，或互相顯示為交換價值。一切的商品們在作為交換價值上，只是作為對象化了的一般的勞動時間之種種不同的分量而互相關係着的，現在顯示得是在作為交換價值上只表現為同種的對象物那葛布之種種不同的分量了。所以一般的勞動時間由它的一方面是表現為一種特殊的實物，一種在一切他種商品之外並立着的商品。但是商品對於商品在作為交換價值上於表現着的那種等式，例如2磅咖啡＝1碼葛布，同時依然是行將實現的同等化。只有由它作為使用價值上的推銷，這是要看它在交換過程中能否證明為一種慾望之對象物而定奪的，只有由於那樣的推銷，它才實際地由它咖啡之存在轉化為葛布之存在，就那樣取着一般的等價物之形式，而實際的成為對於一切其它的商品之交換價值。反過來說，因為一切的商品由它們作為使用價值上的推銷轉化成為了葛布，所以葛布成為一切其它的商品之轉化了的存在，且只有在作為這一切其它的商品之葛布轉化之結果上才直接地成為一般的勞動時間之對象物化，卽是全面的推銷，個體的諸勞動之揚棄，之產物。就這樣，如商品們為要互相顯示為交換價値使自己的存在雙重化了，那麼這作為一般的等價物上專指着的商品也把自己的使用雙重化。在它自己作為特殊的商品上的特殊的使用價値之外，它獲得着一種一般的使用價値。它的這種的使用價値也有定形，卽是說是由那種特殊的節目，在交換過程中由別的商品之全面的作用向它所串演着的那種特殊的節目，發生出來的。在作為一種特殊的慾望之對象上的每一種商品之使用價値，在各種不同的手中有各種不同的價値，例如在賣主的手中與在買主的手中價値是兩樣。這作為一般的等價物上所專指着的商品，現在是由交換過程本身中生長出的一種一般的慾望之對象，而且對於每一個人都有同樣的使用價値，卽是作為交換價値之荷負者，一般的交換手段。就這樣，商品在作為特殊的使用價値上同時又是一般等價物，因而對於每一個人都是使用價値，是一般的使用價値，商品在作為這樣的情形之下所包含着的矛盾，在這一種的商品中算是解釋了。卽是一切別種的商品到這時候才把自己的交換價値作為觀念上的，行將實現的與這種專指的商品間之等式而表現着，而在這種專指的商品方面，它的使用價值雖然是實際的，却在過程本身中是顯示爲單純的形式存在，這是要由轉化爲實際的使用價值才能實現的。在交換過程中，一切的商品都和這個作爲商品一般的，專指的商品相關係着，這種商品，這是他一種特殊的使用價值中的一般的勞動時間之存在。所以在爲特殊的商品上的一切的商品，對於作爲一般的商品[1]上的一種特殊的商品，是有對立的關係。就這樣，商品所有者們在他們作爲一般的社會的勞動之種種勞動上交互地關係着的事情，是表現爲他們是在作爲交換價值的他們的商品上互相關係着，這商品們彼此間在作爲交換價值上的交互的關係在交換過程中是表現爲它們對於某一種特殊的商品，是作爲它們的交換價值之妥當的表現的，之全面的關係，反過來說，又是表現爲這一種特殊的商品對於一切其它的商品之特殊的關係，因而是表現爲一種實物之旣定的類近自然發生地之社會的性質，這種特殊的商品，這樣表現爲一切的商品之交換價值之妥當的存在的，或者是在作爲一種特殊的，專指的商品上商品們之價值便是――貨幣。貨幣是商品們之交換價值之結晶，是在交換過程本身中構成着的。所以商品們在交換過程中是互相成爲使用價值，因爲它們是把一切的定形拋棄了，是在直接的質質的形態內互相關係着，而同時它們要想互相

(1) 這語出於 Genovesi 氏(第二版注)。

成爲交換價值時,它們必須要取着新的定形,必須要向着形成貨幣上走去。貨幣不是象徵,正和作爲商品上的一種使用價值之存在之不是象徵一樣。一種社會的生產關係表現爲一種在個人之外存在的對象,個人們在其社會的生活之生產過程中所沒入的那些特定關係表現爲一種實物之特殊的諸種性質,以及這種的反逆,與非空想而是散文地之現實的神祕化,賦與創生着交換價值的勞動之一切的社會的形態以特徵。這種神祕化顯示在貨幣裏面的,比較顯示在商品裏面,是更加顯明。

這種特殊的商品之必具的物理的性質,一切商品之貨幣形態當得結果於其中的,凡是在由交換價值之性質所生出的範圍內,是有任意的可分割性,各部分之等形性,該商品一切的貨樣之無差別性。在作爲一般的勞動時間之具體化上,該商品當得是等性的實質,只可以表示出量的差異。其它的必具的性質是該商品使用價值之耐久性,因爲它在交換過程中是非耐久不可的。貴金屬高度地賦有這種性質。因爲貨幣不是企畫或商量出的結果,却是本能地在交換過程中形成出的,所以有十分種類相異的,多少是不適當的商品交互地担任過貨幣之使命。那種必然性,在交換過程發展中之某一階段上,把交換價值與使用價值對極地在諸商品上分裂着的,例如一方面把一種商品定爲交換工具而其它的商品便作爲使用價值而推銷着的，那種必然性，那所隨身帶來的現象是，無論何處總有有最普遍的使用價值的一種商品或甚至是多種商品預先是偶然地串演着貨幣之節目。這種商品卽使不是一種直接的當前的慾望之對象，然在作爲財富之實質地最主要的成分上的它的存在給與它以一種比其餘的使用價值們更要一般的的性質。

這種直接的交易，這種交換過程之自然發生的形態，所表現的與其是商品之向貨幣的初基的轉化，甯是使用價值們之向商品的初基的轉化。交換價值並不獲得何等自由的形態，倒還是直接地與使用價值緊緊着的。這種情形有兩樣的表現。生產本身在它整個的構造中是整備在使用價值上，不是在交換價值上的，所以在這時候使用價值之揚棄其爲使用價值，而成爲交換之資料，成爲商品者，只是由於把消費上所需要的度量超過了的生產過剩。又從另一方面來說，使用價值之成爲商品，儘管那使用價值是對極的分裂着的，但總是在直接的使用價值之範圍內，所以由商品所有者交易出的商品對於買賣雙方都須得是使用價值，但每種使用價值都是各各對於其非所有者的。在實際上商品之交換過程並不是在自然發生的共同團體之胎內所發生[1]，倒是

(1) 亞里士多德關於原始的共同團體中的私有家族說過這樣同類的話。但是家族之原始形態也就是部族，由這部族之歷史的解體才發

發生在共同團體行將盡頭處,在共同團體之境界上,在共同團體與別的共同團體相接觸的少數地點。在這兒交易才開始起來,由那兒再反向共同團體之內部襲擊,而使共同團體崩潰。這些特殊的使用價值們,在種種共同團體間之交易中成為商品的,例如奴隸,牛羊,金屬等,因而在共同團體本身之內部大抵是形成着最初的貨幣。我們是看見過的,一種商品之交換價值,如它的等價物之系列愈長,或則是對於該商品的交換之範圍愈大,那它在作為交換價值之表現上便愈見高度。交易之逐漸的推廣,交換次數之增加,參加到交易中的貨物之多樣化,因而使作為交換價值的商品發展,促進着向貨幣形成,同時在直接的交易上便發舒着解體的作用。經濟學家們慣愛把貨幣之發生由發展了的交易所碰頭着的外部的困難導引出來,但他們在那時却忘記了這種困難是由交換價值之發展,因而是由作為一般勞動的社會的勞動之發展中所迸發出來的。例如說:商品們在作為使用價值上是不能任意分割的,在作為交換價值上却是可以。或者是商品A可以為B之使用價值,而商品B却有不能為A之使用價值的時候。或者是商品所有者們可以把他們交互地想交

展出私有的家族。"原始共同團體者,家族也,在此中此種技術顯然無用。"(書名見前)——(譯者案,原書所引乃希臘文,此據英譯本所引 Jowett 之英譯重譯。)

換的不可分的諸商品在不等的價值比例中慾求着。換一句話說,經濟學家們在要考察簡單的交易之口實下,他們在推關着作爲使用價值與交換價值之直接的統一上的那種商品之存在中所含有的矛盾之某某種方面。在另一方面他們便又固持着以爲交易是交換過程之妥當的形態,以爲交易只是係帶着了某某種技術上的不方便,對於這種種不方便,貨幣實在是一種巧妙的考案。由這種極淺薄的立場上出發,有一位聰明絕頂的英國的經濟學家因而滿在行地這樣主張着,貨幣是一種單純的物質的工具,就如一隻船或一架機器一樣,但不是社會的生產關係之表現,因而也就並不是經濟的範疇。所以在事實上與工藝學毫無共通處的經濟學中,貨幣要在這兒敍述,那只是一種錯誤云云。[1]

在商品世界中一種發達的分業是前提着的,或者甯可以說是直接表現使用價值之多樣性中,這使用價值之多樣性是作爲種種特殊的商品而對立着,在這使用價值之多樣性中也潛伏着多樣的勞動方法。這分業,在作爲一切特種

(1) "貨幣實在只是運輸着買與賣的器具(但是,對不住,所謂買賣者何謂耶?),關於貨幣之考察,猶如關於船舶或蒸汽機關或其它用以圓活財富之生產與分配的任何種類的工具之考察一樣,是不能形成爲經濟學之一部分的"。Th. Hodgskin 氏著"通俗經濟學及其它",倫敦1827年出版,第178,179頁。

的生產的職業方式之總匯上,是社會的勞動之全面,社會的勞動由其質料的方面看來是視為產生着使用價值的勞動。但是分業之所以為分業,由商品之立場上看來,在交換過程之內部,只是存在分業之結果,只是存在商品本身之特般化。

商品之交換是一種過程,在這種過程中社會的有無相易,即私人們之特種的諸生產品之交換,同時是一定的社會的生產諸關係之創生,這生產諸關係是個在這有無相易中所沒入的。商品交互間之過程的關係結晶為一般的等價物之差別的諸規定,所以交換過程同時便是貨幣之形成過程。這種過程之全部,表現為種種過程之一連貫的,便是流通。

A. 商品分析之史的考釋

商品之分析為二重形態之勞動,使用價值為現實的勞動或合目的地生產的操作,交換價值為勞動時間或平等的社會性的勞動,是古典的經濟學——在英格蘭是始於威廉·培蒂,在法蘭西是始於波娃居伯(Boisguillebert)[1],在英格蘭是終於李嘉圖(Ricardo),在法蘭西是終於西士

(1) 關於培蒂與波娃居伯之諸著作與性格之比較的研究,在十七世紀末葉十八世紀初頭之英法二國之社會的對立上會投以強烈的明光,即姑置不論,其對於英吉利的與法蘭西的經濟學之國民的對

38　　政治經濟學批判

孟迭（Sismondi）的——及一世紀半以上的諸研究之批判的成果。

培蒂把使用價值還元為勞動，並沒眩惑於勞動之創造力之自然條件。實際的勞動，他立即在它那社會性的全態態中，作為分業而把握着了。¹ 關於實質的財富之源泉的這

照會根源地明示出來。在李嘉圖與西士孟迭，這同一的對照是完結地重出着的。

(一) 培蒂也曾把分業作為生產力而展開了，而且規模之宏大在亞丹斯密以上。請看"論人類之增殖及其它"，1686年第3版，第35.—36頁。他在這兒不僅由時錶之製造指示出了分業對於生產上之利益，如後年亞丹斯密由撤針之製造所指示的那樣，而且同時在大規模的工場形態之觀點下還考察了一個都市，一個整個的國土，以指示出分業之利益。1711年十一月26日的"觀世報"（Spectator）敘述關於"這位偉大的威廉.培蒂爵士之說明"。麥克.九羅克（Mac Culloch）誤以為"觀世報"把培蒂和一位更要年青四十歲的著作家弄掉換了。請參看麥克.九羅克著"經濟學之文獻，分類目錄"，1845年倫敦出版，第105頁。培蒂自己覺得是一項新科學之創立者。他的方法，他說，"不是傳統的"。他沒雜糅着一長串比較級和最高比較級的形容詞以及思辯的議論來徒作空論，他是企圖着要"用文字，重量或尺度"來說話，要專一地由感官的經驗來立論，要只把"在自然界中有可見的根據的"諸種原因

來事考察。依存在"特殊的人們之易變的心理，意見，慾求與情熱等"的那些原因，他讓給別人去考索（"政治算學及其它"，1699年倫敦出版，序文）。他的天才的明敏處例如在他所主張的，把愛爾蘭與高地蘇格蘭之一切的居民與動產可以移向大不利顛之他處的，那個提案中也是表示着的。那樣則勞動時間可以節省，勞動之生產力可以增加，"國王與其臣民會愈見富強"（"政治算學"，第4章）。又在他的"政治算學"之某一章中，在當時荷蘭依然在支配着商櫂，法蘭西亦有成爲商界支配勢力之趨勢的時候，他指證了英國有開拓世界商場之使命，他說："英國臣民之國王有充分之儲藏足以經營全商業世界之貿易"（前書第10章）。"英國之偉大上之阻礙只是偶然的可以移易的"（同書第247頁）。一種獨創的機智橫溢在他的著作之中。例如荷蘭在當時是英國經濟學家之模範國，也就如英國是現在大陸經濟學家們之模範國一樣，他指示出荷蘭之開拓世界商場，是由於各種自然的條件所達到，"並無所謂專屬於荷蘭人的那種神性的機智與判斷"（前書第175，176頁）。他擁護信仰自由以爲商業之條件，因爲"非國敎徒是……堅忍的人，他們相信着勞動和勤勉是他們對於上帝的責任"，還有"他們相信着……凡是財富愈少的人，以爲他們愈多智慧和理解，特別是他們以爲是專屬於賣者的天界之事物。""由這兒看來，可知貿易與證樓的宗敎之任何的分派均不相宜；倒反而是……屬於全部宗敎之異端的部分。"（前書第183—186頁）

種見解,不是像在他同時代人的霍布士(Hobbes)那樣,多少仍歸了不毛,却把他導引到了政治的算學,這是經濟學分化成為獨立的科學的最初的形態。但是把交換價值他是依照着它在商品之交換過程中所顯示着的外觀,認為了貨幣,而把貨幣本身是認為了現存的商品,認為了金銀。他拘

他主張公家爲救濟浮浪人上特設稅徵,因爲這樣向公衆徵收以救濟浮浪人,比讓公衆被浮浪人徵收的,對於公衆更要安善些(前書第199頁)。 另一方面他却反對那種徵收,那把財富由勤勉者的手裏移到了那些"除去吃,喝,唱歌,遊戯,跳舞,弄弄玄學而外無事可做"的人的。培蒂的著作差不多成了書買們的珍品,而且只是在陳腐的古版中散存着的, 想到這威廉.培蒂不僅是英國國民經濟學之父,而且同時還是英國自由黨之創立者,別號朗士通侯爵的亨利.培蒂之先祖,眞是不免令人倍加驚異。 不過朗士通世家要出一部培蒂全集,恐怕也不便不附上一篇刊傳,一說到這兒,關於大多數的自由黨之大族們之起源,最好是"少說為佳"了。頭腦雖銳敏,但是是一位無聊的軍醫,借着克倫威爾的風光要去掠奪愛爾蘭,對於掠奪者所必要的男爵的稱號又向查理二世去跪求,這對於公衆的觀瞻上恐怕不見得是怎樣的冠冕。加之培蒂在他的生前所發表的大多數的著作中努力想證明英國的黃金時代是在查理二世當時,這對於"光榮的革命"("Glorious revolution")之世襲的讚揚者是一種異端的見解。

束在貨幣學派之觀念中，把金與銀所由以獲得的那種特定的現實的勞動，解釋爲造置交換價値的勞動。他實際上是以爲，有產者的勞動不當產生出直接的使用價値，是產生出商品，這一種使用價値，是能夠由於它的在交換過程中之推銷表現爲金與銀，即是表現爲貨幣，即是表現爲交換價値，即是表現爲對象化了的一般的勞動。要之他的例子是明白地指示着，作爲實質的財富之源泉的勞動之認識決不包含着那種特定的社會形態，勞動在其中是交換價値之源泉的那種特定的社會形態之認識。

波娃居白在他的一方面雖然是沒意識着，却很確實地把商品之交換價値分解成爲了勞動時間，因爲他把"眞的價値"(la juste valeur) 由個人們之勞動時間於以被分配在特殊的產業諸部門上的那正確的比例規定了出來，又把自由競爭是作爲創生這種正確的比例的社會的過程而表現着的。但是同時而且和培蒂成爲對照的，是他熱狂地反抗貨幣，他以爲因爲有貨幣之介在破壞了商品交換之自然的平衡或和調，貨幣是怪誕的魔羅火神，他要把一切的財富作爲犧牲。波娃居白在攻擊路易十四之宮庭及其稅吏及其貴族們之蒙頭蓋腦的黃金慾[1]，而培蒂在黃金慾中却在禮讚着

〔1〕波娃居白和當時"黑暗的理財術"對立着說道，"財政學不外是農業與商業之利弊之深淵的智識。""法蘭西小論"，1697年。

那種強有力的衝動，那刺激着一國的國民去圖產業的發展，去圖世界市場之開拓，像這樣對於貨幣的這項論爭在一方面和既定的歷史的情形自然有密切的關係，但在這兒同時也有更深一層的理論的對立發生着，便是純英國經濟學與純法國[1]經濟學間之恆存的對照是返復着的。波娃居白事實上是只看到財富之實質的內容，看到使用價值，看到享用[2]，他把勞動之資產社會的形態，使用價值之作爲商品者的生產，與同商品之交換過程，是認爲合乎自然的社會的形態，個人的勞動於以達到目的的。所以資產社會的財富之特

十八世紀之理財經濟學家幽惹奴. 德衣爾出版。巴黎，1843年，第一卷，第251頁。

(1) 不是拉丁系的經濟學，因爲意大利人把英法兩派經濟學之對立復製爲拿坡里與米蘭兩派，而早期的西班牙人不是純粹的重商派，和改良的重商派如烏士它里池（Ustariz）那懷，便如佛偉勒諾士（Jovellanos）（參看他的"著作集"，1839—40年，巴舍洛南出版）是和亞丹斯密同樣，保守着"中庸"。

(2) "眞正的財富……全部的享樂，不僅是生活之必需品，並且包含着一切的奢侈品和愉悅感官的一切的品物"。波娃居白著"原富論"及其他，前書，第403頁。但是一方面培蒂是一位輕浮的，好打挍的，無性格的冒險家，而波娃居白雖然是路易十四之顧問中的一人，對於被壓迫階級却有大膽的同情。

殊的性質一遇着了他,例如便在貨幣裏面,他相信着是僭越萬分的異分子之闖入,對於在一種形態中的資產社會的勞動他怒不可遏,而同時對於別一種形態中的却當為烏托邦地讚仰着[1]。勞動時間可以作為商品價值之尺度,波娃居白是替我們證明了的,雖然在商品之交換價值中所具體化的,由時間測量的勞動,不免和個人們之直接的自然的操作遭了混同。

把交換價值還元為勞動時間之最早的有意識的,差不多是詳細入微的分析,是出在新大陸之一人,有產者的生產諸關係,隨着它們的負荷者而同時移到新大陸,在那兒歷史的傳統之缺乏有豐饒的沃土補償的園地上便迅速地迸發了出來。這位人是片雅民・富蘭克林(Benjamin Franklin),他在他1719年脫稿,1721年出版的青年時分之最初的著作中,把近代經濟學之原則定式化了[2]。他明說着,在貴金屬之外有別求一種價值尺度之必要。這尺度便是勞動。"銀之價值也和其它一切的物品一樣,可由勞動去測量。譬如假設有一個人勤勞着產生五穀,另外一個人却在採銀礦來化煉。在年末或是任意定出的一個期間之後,五穀之全生產品

(1) 蒲魯東式的法蘭西社會主義也害着這種同樣的國民的傳統病。
(2) "富蘭克林全集",I. Sparks 編纂,第二卷,1836年波士頓版;"關於紙幣之性質與必要之小研究"

與銀之全生產品互爲自然的價值,假使五穀是20布昔,銀是20盎斯,那嗎一盎斯銀之價值等於一布昔五穀之生產上所費的勞動。但是假如有更近的,更容易採掘而含銀且更豐富的礦山發現了,一個人在前只掘得20盎斯的,現在掘到40盎斯,而在20布昔穀品之產生上依然須費前此同樣的勞動,則2盎斯銀之價值不能比一布昔穀品之產生所費的勞動更多,而一布昔在前值1盎斯的,現在會值2盎斯,假如其它的情形不變。就這樣,一國之財富是該國之居民所能購買的勞動量〔die Arbeitsquantität〕以評定¹。"勞動時間在富蘭克林眼中經濟地單方面地直接便表示爲價值之尺度。現實的生產品之轉化爲交換價值是自明之理,所以問題只是在尋出評定生產品之價值量之尺度。他說,"因爲一般的貿易不外是勞動對於勞動之交換,所以一切物品之價值最正確地是由勞動以評定"² 。在這兒假如在勞動這個字上換爲現實的

(1)前書第265頁。"Thus the riches of a country are to be valued by the quantity of labour its inhabitants are able to purchase."

(2)"Trade in general being nothing else but the exchange of labour for labour, the value of all things is, as I have said before, most justly measured by labour." 前書第267頁.

勞動，那嗎我們會立地發現有一種形態之勞動與它種形態之勞動之混同。因爲貿易，例如是在靴匠勞動，礦山勞動，紡績勞動，畫家勞動等等中存立着，然則長靴之價值能最正確地評定在畫家勞動裏嗎？富蘭克林之意思恰恰相反，以爲長靴，礦產，紡績，繪畫等等之價值是由抽象的勞動決定的，這抽象的勞動並無特殊的性質，因而只有在量上才能量則[1]。但因爲他不曾把交換價值中所含有的勞動發展成爲抽象上之一般的，從個人的勞動之全面的推銷中迸發出的，社會性的勞動，所以他必然地把貨幣認爲了這被推銷的勞動之存在形態。所以貨幣與造置交換價值的勞動在他看來並無內部的關聯，而貨幣反甯是在技術的方便上在交換中由外部帶來的工具[2]。富蘭克林之交換價值之分析對於經濟學之一般的趨勢並無何等直接的影響，因爲他只是在實際的某某種機會上處理了一些經濟學上的零碎的問題。

實際的有效的勞動與造置交換價值的勞動間之對立，在十八世紀中，形成了一個問題把歐羅巴動搖了，便是：那一種特殊的現實的勞動才是有產者的財富之源泉？在這兒在使用價值中實現着的或是給與出生產品的那種勞動，不

(1)前書：''關於美國紙幣之事實與考察''，1764年。

(2)參看"美國政治論集"：''關於美國紙幣之事實與考察''，176年。（前書）

直接地創生財富，是已經前提着的。然在重農學派，也就和在他們的反對論者們一樣，那焦頭爛額的問題，不是何種勞動創生價值，却是何種勞動創生剩餘價值〔Mehrwert〕。就給一切科學之歷史的進行在通過種種岔路橫路之後才引到它們眞實的出發點的一樣，重農學派在不曾把這個問題分析到它的原素的狀態之前，便在複雜的形態之中處理了起來。科學和別種的建築師不同，它在奠定基礎之前，不僅要畫出一座空中樓閣，而且先把那建築物之各層樓房零碎地建出了。我們在這兒不必再和重農派糾纏，在商品之正確的分析上多少表現了一些優卓的見解的意大利經濟學家之一羣[1]我們也來跳過，我們立刻轉向到那把有產者的經濟學之全系統編製出來的第一位英國人，爵士・吉姆司・司徒瓦特（Sir James Steuart）[2]。經濟學之抽象的諸範疇，在他是還在和實質的內容相分離的過程之中，因而是模糊的，

(1) 例如 Galiani 所著"貨幣論"，意大利經濟學之古典叢編第三卷（Custodi編纂），近代部，1803年，米蘭出版。他說"只有努力能給與一切物品以價值"。第75頁。勞動表示爲 fatica（努力）是南國學者之特色。

(2) 司徒瓦特全集："經濟學原理之研究，論自由國家中對內政策之科學"1767年以八開本二册出現於倫敦，在亞丹斯密"原富論"前十年。余所徵引係據1770年杜伯林版。

第一章 商品

不定的,交換價值之範疇也是同然。在一處他把眞實的價值由勞動時間〔"一位工人一天所能担任的"〕來規定了,但在那兒薪資與原料是淆混着敍出的[1]。又在別一處和實質的內容之糾紛更加顯豁地表示着。在一種商品中所含有的自然的質料,例如銀絲編器中之銀,他命名爲商品之內在的價值〔Instrinsic worth〕,商品中所含有的勞動時間他却命名爲它的使用價值〔Useful worth〕。"這第一項",他說,"是本來就是現實的存在……而使用價值則必須由其生產上所需費的勞動以秤定。在質料之變形所使用的勞動,代表着一個人的時間之一部分云云"[2]。使司徒瓦特在他的先驅者與後繼者之前拔出一頭地的,是那表現爲交換價值的特殊的社會的勞動與趨向在使用價值的現實的勞動間之劃然的區別。他說,由自己的推銷〔Alienation〕而造出一種一般的等價物〔Universal Equivalent〕的那種勞動,余名之曰產業。把這種認爲產業的勞動他不僅和現實的勞動有所區分,就和勞動之別種社會的形態都是區分着的。這種勞動在他看來是勞動之資產社會的形態,與其古代的和中世紀的形態是對立着的。資產社會的與封建社會的勞動,特別使他感

(1) 司徒瓦特,前書,第一卷,第181—83頁。

(2) 司徒瓦特,前書,第一卷,第361—62頁。"Represents a portion of a man's time."

受趣味，封建式的勞動他在它那沒落期中在自己的本國蘇格蘭，在歐洲大陸的廣泛的旅行中，都是觀察過的。不消說司徒瓦特他是很明白的知道，在前資產社會的諸期中生產品也是領有着商品之形態，而商品也是領有着貨幣之形態的，但他所詳細證明的，是商品之作爲財富之初基的基本形態者，推銷之作爲私有之主要的形態者，是只屬於有產者的生產時代，造置交換價值的勞動之性質不消說也就特別是有產者的[1]。

現實的勞動之特種的形態，如農業，工業，航業，商業等等，挨次作爲財富之眞實的源泉而被主張以後，亞丹斯密才把勞動一般，而且是在它的社會性的全形態上，宣稱爲分業，爲實質的財富或使用價值之唯一的源泉。在這兒他是完全把自然原素看過了，那逼着他陷沒在了只是社會性的財富之領域內，交換價值之領域內。亞丹斯密自然是把商品之價值用該商品中所含有的勞動時間來決定了的，但臨到實

(1) 所以把宗法的，對於地主向着使用價值之創造上直接傾向着的農業，他以爲是一種"浪費"，在斯巴達或者羅馬或者就在雅典雖不必是這樣，但在十八世紀之產業的國家却的確是這樣。這種"Abusive Agriculture"(浪費的農業)並不是"Ttrade"(職業)，却是"單純的生活手段"。資本制度下的農業使國家免掉了過剩的人口，同樣資本制度下的工業使工場免掉了過剩的勞動，

資本一般

際應用上又把這種價值規定送囘到了他的時代以前。換句話說，便是在簡單的商品之立場上使他明瞭的東西，在資本，雇傭勞動，地租等等更高級更複雜的形態之立場上，立地便使他昏蒙起來。他的話是這樣說的,商品之價值由商品中所含有的勞動時間以測量,是在這資本制度之 Paradise lost(失樂園)裏的事,在那兒人們還不是資本家,不是雇傭勞動者,不是地主,不是佃農,不是大利盤剝者等等,却只是以單純的商品生產者和商品交換者之資格而對立着的。他把商品價值之由商品中所含有的勞動時間以決定者與商品價值之由勞動價值以決定者總常常是混同着，在談到細微處總是遊移不定,把社會過程在不平等的勞動之間强制地所遂行的客觀上的平等，誤認為個人的種種勞動之主觀上的平權[1]。把由現實的勞動向造置交換價值的勞動之推

(1) 例如亞丹斯密如是說:"勞動之同等的分量無論在甚麼時候,無論在甚麼地方,對於勞動着的人可以說是有同等的價值。假使他的健康,力氣,精神,是在通常的狀態,他的熟練和精巧也有平均的程度,那他的安息,自由與幸福之同等的分量是非割愛不可。他所交換得來的商品無論是何種的分量,他所給付的價格總常是同一的。商品誠然有時可以多買,有時又會少買,但這是商品之價值有變遷,不是買商品的勞動之價值有變遷。……所以只是勞動是永不改變它本來的價值……是商品們之眞的價格，云

移,卽是在基本形態上的資本社會的勞動,他想用分業來說明。言私人交換以分業爲前提固是正確的,言分業以私人交換爲前提則是謬誤。例如在祕魯人中,雖然並未有私人交換,並未有作爲商品的生產品之交換成立,而勞動却是大規模地分業着的。

與亞丹斯密成爲對待的,是大衞德·李嘉圖(David Ricardo)純粹完成了用勞動時間的商品價值之規定,他表明着說,這種規律也是把那外觀上和它矛盾的資產社會的生產關係支配着的。李嘉圖之諸種是專門局限在價值量上,和價值量相關聯着他至少是暗示過,這種規律之實現是依存於旣定的歷史的諸種前提。所以他說,由勞動時間的價值量之規定只適用於"由產業所能任意增殖,而其生產是由無限制的競爭所支配的"[1] 商品。那事實上只是在這樣說,這價值規律在其全面的發展上是以大規模的產業生產與自由競爭之社會爲前提,卽是說以近代有產者的社會爲前提。此外李嘉圖又把勞動之資產社會的形態看爲了社

云。"(此註係依據英譯者所引原文,出"原富論"第一卷第五章第34頁,1869年牛津版,與馬克思所譯爲德文的字句稍有出入。譯者。)

(1)大衞德.李嘉圖:"經濟學原論及租稅論", 第3版,倫敦1821年,第3頁。

會性的勞動之永恆的自然形態。他立卽把原始漁夫,原始獵師,認爲商品所有者而使之交換其漁獵,依據在這些交換價值中對象化了的勞動時間之比例以交換其漁獵。在這個機會上他是陷入了這種的時代錯誤,便是原始漁夫,原始獵師,在核算他們的勞動工具上公然在依據着1817年倫敦交易所所通行的年利表以作磋商。"渴文先生之平行四邊形",好像是他除資產社會以外所知道的唯一的社會形態。李嘉圖雖然是拘束在資產社會的視野裏,但他把那內部和外觀完全不同的有產者的經濟學,眞是理論透澈地解剖了出來,那使布魯甘侯爵（Lord Brougham）極口稱讚他,說是,"李嘉圖君好像是從別的一個星球降下來的人。"西士孟迭和李嘉圖直接的論爭上,他主張造置交換價值的勞動之特殊的社會的性質[1],同時又認定把價值量還元到必要的勞動時間,還元到"在全社會之需要與滿足此需要的充分的勞動量間之關係"[2],是"我們的經濟的進步之特質"。波娃居白以爲造置交換價值的勞動是由貨幣惡化了的那種觀念,西士孟迭是已經脫掉了,但如波娃居白之抨擊貨幣一樣,他是抨擊大規模的產業資本。假如在李嘉圖方

(1) 西士孟迭:"經濟學研究",第二卷,布魯塞爾1837年。"商業所帶來的一切是使用價與交換價值之對立。"第161頁。

(2) 西士孟迭,同書,第135——166頁。

面，經濟學是無所顧慮地漫然得到了它的結論而告了終結，西士孟迭是表明了經濟學本身之疑團而補充了這個結終。

因爲李嘉圖是古典經濟學之完成者最純粹地把由勞動時間的交換價值之規定化成了定式而展開了，所以由經濟學者間所提起的爭論自然便都集中於他。這些議論中除掉大部分是百無聊賴者[1]之外，可以要約爲下列數點：

第一：勞動本身有交換價值，種種不同的勞動有種種不同的交換價。把交換價值作爲交換價值之尺度，那是一種錯誤的循環論，因爲作爲尺度的交換價值本身依然需要尺度，這個非難是歸根在這個問題上面的，便是：勞動時間作爲交換價值之內在的尺度是假定着的，在這個基礎上去發展工資。關於工資之理論可解答這個問題。

第二：假如生產品之交換價值是等於其中所含有的勞動時間，則勞動日之交換價值是等於其生產品。即是說工資必和勞動之生產品相等[2]。實際上和這恰相反對。這是不

(1) 最無聊賴的怕是 J. L. Say 對於 Costancio 用法文翻譯的李嘉圖著作所加的注釋，最衒學而傲慢的是 Mac Leod 君之新著"交換之理論"，倫敦1358年。

(2) 由有產者的經濟學家對於李嘉圖所加的這項非難，後來又由社會主義者方面採用了。把公式之理論的正確假定着，反對和理論相矛盾的實際，把他們的理論的原則所生出的意想上的結論，向

行的。這個非難是歸根在這個問題上面的，便是：生產在由純粹的勞動時間所決定的交換價值之基礎上如何生出了這樣的結果，即勞動之交換價值小於生產品之交換價值？這個問題我們在資本之考察中解決。

第三：商品之市價隨着需要與供給之變動的關係超越其交換價值而或漲或跌。所以商品之交換價值是由需要與供給之關係而決定，不是由其所含有的勞動時間。實際上在這個奇妙的結論中只是有這樣的問題投出了，便是在交換價值之基礎上何以會生出與交換價值不同的市價，或者更正確地，是交換價值之規律何以只在它自己的正反對中實現。這個問題在競爭論中解決。

第四：是最後的矛盾，假如不是像通常在奇怪的引證形式之內提出時，外觀上是最倔強的：假如交換價值不外是商

> 着有產者的社會要求見諸實行。依着這樣的辦法，英國的社會主義者們至少是把李嘉圖關於交換價值之定式，逆用到經濟學上來了。爲蒲魯東君所保存的事體，是不單把舊社會之基本原則認爲新社會之原則，而且同時自認是李嘉圖把古典的英國的經濟學之全遺產於以綜集成了的那種定式之發見者。蒲魯東隔着海峽"發見"了的時候，李嘉圖的定式之空想的解釋在英國早已經忘記了，那是已經證明了的。（參照我的"哲學之貧困"，巴黎 1847 年，論構成了的價值之一節。）

品中所含有的勞動時間,那嗎並不含何等勞動之商品,何以能有交換價值,或者換句話說,純粹的自然力之交換價值從何而來?這個問題在地租論中解决。

第 二 章

貨幣或單純流通

在關於1844年與1845年爵士羅伯池・皮爾之銀行條例的議會討論中,格蘭斯頓說過,戀愛之使人癡愚,莫如關於貨幣本質的穿鑿之甚。他是向着不列顛人談論不列顛人。荷蘭人則反是,荷蘭人儘管受着培蒂的懷疑,他們從古以來對於貨幣投機〔Geldspekulation〕有一種"天界的叡智",對於貨幣上之探知〔Spekulation über das Geld〕他們的叡智也決沒失掉。

貨幣之起源是出於商品本身,此事一經解明,貨幣分析中之困難便算已經克服。在這種前提之下剩下的問題便是只消去純粹地把貨幣本來的形態規定把握住了,事情却有些困難,因為一切有產的關係都是鍍了金,鍍了銀的,一切都是顯示為貨幣關係,因而貨幣形態看來像有一種無限多量的,和它實在是了不相干的內容。

在下面的研究中所當論定的,只是在討論由商品之交換所直接生長出來的貨幣之形態,但非其形態之屬於更高一級之生產過程者,例如信用貨幣之類。為單簡起見,本書中權以黃金作為貨幣商品。

1 價值之尺度

流通之最初的過程可以說是對於現實的流通之理論的準備的過程。作為使用價值而存在着的商品,先是造出它們在觀念上於以相互顯示為交換價值,為對像化了的一般的勞動時間之一定量的,那種形態。這種過程之必要的第一步,如我們已經考察過的,是商品們要把一種特殊的商品,假定是黃金,作為一般的勞動時間之直接的具體化或一般的等價物而除外。我們把商品之黃金之於以轉化為貨幣的那種形式,暫且回顧一下。

1噸鐵　　　　= 2盎斯黃金

1卡特小麥　　= 1盎斯黃金

1百斤麥加咖啡= $\frac{1}{2}$盎斯黃金

資　本　一　般

1百斤炭酸加里 ＝ $\frac{1}{2}$盎斯黃金

1噸巴西木材　＝ 1盎斯黃金

y　商品　　　＝ x　黃金

在這一列等式中，鐵，小麥，咖啡，炭酸加里等等，互為同形態的勞動之具體化，即是在黃金中物質化了的勞動，在此中化成了諸商品之各種各樣的使用價值的現實的勞動之一切的特殊性完全是消滅了的。在作為價值上它們是一致的，是同一的勞動之具體化，或勞動之同一的具體化，黃金。在作為同一的勞動之等形態的具體化上，它們只表示着一種的差異，量上的，即是顯示為不同的價值量，因為在他們的使用價值中是有不等的勞動時間包含着的。在作為這些個別的商品上，它們和一般的勞動時間，作為了專指的商品者之黃金，是相關聯着，同時在作為一般的勞動時間上也在互相關聯着。這種同一的過程上的關係，商品們由之而互相表現為交換價值的，把黃金中所含有的勞動時間表現為一般的勞動時間，這一般的勞動時間之一定量表現為鐵，小麥，咖啡等等之不同的分量，簡言之即表現為一切商品之使用價值，或是直接地展開為商品等物之無窮的一列。因為商品們是全般地把自己的交換價值表現在黃金裏面，所以黃金直接地是把自己的交換價值表現在一切的商品裏面。因為商品們各自相互地賦與以交換價值之形態，所以他們對於黃金卽賦與以一般的等價物之形態，卽貨幣之形態。

因爲一切的商品們是以黃金測量其交換價值，以一定量的黃金與一定量的商品於以包含着同等的勞動時間的那種比例測量其交換價值，所以黃金成爲價值之尺度，黃金之所以成爲一般的等價物或貨幣者，只是由於有作爲價值之尺度的這種職分，它自己本身的價值是直接在商品等價物之全領域中以測量的。在另一方面，一切的商品之交換價值現在是表現在黃金裏面。在這種表現中一種質的要素和一種量的要素是須得區別的。商品之交換價值是作爲同一的等形態的勞動時間之具體化而旣存着；商品之價值量是盡致地表現着的，因爲在商品與黃金於以相等的那種比例中，商品們是彼此相等。一方面有在商品中包含着的勞動時間之一般的性質顯示着，在另一方面，這同樣的勞動時間之數量是顯示在它的黃金的等價物裏。商品之交換價值，就這樣作爲一般的等價物，而同時又作爲這種等價物之大小，在一種特殊的商品中，或者在商品們與某一種特殊的商品之唯一的等式中所表現着的，便是價格。價格是商品之交換價值在流通過程中於以顯示着的轉化的形態。

就由這種過程，由之而商品以表現其價值爲金價格者，商品們以黃金爲價值之尺度，因而是認爲貨幣。商品們如全面地把自己的價值在銀中，小麥中，銅中，去測量，因而是表現爲銀價格,小麥價格,銅價格時,銀・小麥・銅會成爲價値之尺度,因而是成爲一般的等價物。爲要在流通中顯示爲價格,流通中之商品們須先得是交換價値。價値之尺度之所以單成爲黃金,是因爲一切的商品在其中評定自己的交換價値。但是金之性質由之而單獨發生爲尺度的這種過程着的關係之普遍性是有前提的,即是每一種單獨的商品之於黃金中測量自己,是依着兩者所含的勞動時間之比例,其次則商品與黃金間之實際的尺度自然是勞動本身,即商品與黃金是由直接的交易相互作爲交換價値而相等。這種相等化實際上是如何進行着的,在這單純流通之領域中不能推闡。但是這一點是很明瞭的,在生產着金與銀的國度中一定的勞動時間直接體現爲一定量的金與銀,而在不產生金與銀的國度中,同樣的結果是由一道轉路而達到,是由本國商品之直接的或間接的交換,即是由國民的平均勞動之一定的部分對於有礦山的國土之於金與銀中具體化了的勞動時間之一定量之直接或間接的交換。爲要能夠被用爲價値之尺度,黃金應當盡可能地是一種可變性的價値,因爲黃金只有在作爲勞動時間之具體化上才能成爲別種商品之等價物,但這同一的勞動時間是隨着現實的勞動之生產力之變化而實現於同種使用價値之不等的分量的。每一種商品之交換價値是表現在別一種商品之使用價値裏面,同樣一切的商品之單由黃金之評定是以黃金在某一刹那中表現着勞動時間之一定量爲前提。關於黃金之價值變化上，在前所述的交換價值之法則是適用的。商品們之交換價值假如不變，則它們的金價格之一般的騰貴只有在黃金之交換價值跌落時才可能。黃金之交換價值假如不變，則金價格之一般的騰貴只有在一切的商品們之交換價值騰貴時才可能。在金價格之一般的跌落時則關係相反。一盎斯黃金之價值如是依據着在其產生上所消費的勞動時間之變化而漲跌，則一盎斯黃金對於一切其它的商品是同樣的或漲或跌，因而一盎斯黃金對於一切依然是表現着一定量的勞動時間。同樣的交換價值們現在是在比從前或大或小的金量中測量着，但它們是在對於自己的價值量之比例中測量着的，因而彼此間是保守着同一的價值比例。比例之爲2:4:8，與爲1:2:4或4:8:16，是同一的。交換價值們以變化着的黃金價值於以自行評定着的那種變化了的金量，於黃金作爲價值尺度之職能上絲毫無妨，也就和比金小十五倍之銀價值並不能妨害金，不能把金從這種職能中驅逐一樣。因爲勞動時間是黃金與商品間之尺度，在一切的商品於黃金中自行測量的範圍內，黃金才能成爲價值之尺度，所以貨幣對於商品們儼然有通約性者，那只是流通過程之外觀[1]。倒其實只是商品們在作爲對

(1) 亞理士多德的確是看透了，他知道商品之交換價值是商品價格

象化了的勞動時間上之通約性才正是使黃金成爲貨幣的。

商品於以出現於交換過程中的現實的形狀是商品之使用價值。商品要經過推銷才得成爲實際的一般的等價物。商品之價格規定只是商品向一般的等價物之觀念上的轉化，是與尙未現實的黃金之相等。但因商品們在其價格中只是觀念地轉化爲黃金，卽轉化爲只在觀念上的黃金，其貨幣存在與其現實的存在尙未實際的分離，所以黃金還只是轉化之前提。"交易之先於貨貝其理甚明。何者，以床五尊以易住家一座，或則以床五尊所值之貨貝以易，其間了無差別。"在另一方面因爲商品們要在價格中才互有交換價值之形態，所以他把它們用貨幣來通約了。"是以凡物均當受評價。交易因之而不輟，社會因之而能存。貨貝者如尺度焉，使凡物可通約，使凡物相均衡，蓋無交易則無社會，無均衡則無交易，無通約則無均衡也。"這由貨幣以測量的種種不同的物品一般地是有不相通約的分量，他自己是沒隱瞞的。他所求的是作爲交換價值的商品之統一單位，這項他因爲是古代的希臘人却未能尋到。這個難關他只好勉强過渡了，因爲他把本來是不相通約的，應着實際的要求所必要的範圍內，用貨幣來使它通約了。"如此相異之物欲使其通約，於理實有不能，然爲實用之故可通融也。"（亞里士多德"尼可默可司倫理學"第1卷，第5篇，第8章。Bekkeri 編纂，1837年，奧克松尼版。）

爲觀念上的貨幣，還只是價值之尺度，一定的金額實際上還只是在代表勞動時間之一定量的之名目。黃金於以結品爲貨幣的那種形態決定，總常常和商品們於以互相表現着彼此固有的交換價值的一定的方式，是依存着的。

現在商品們是彼此作爲二重的存在相對立着，現實上是作爲使用價值，觀念上是作爲交換價。商品們現在是互相表現着彼此所含有的勞動之二重形態，因爲特殊的現實的勞動實際上是作爲它們的使用價值，而一般的抽象的勞動時間在它們的價格中得着一種觀念上的存在，在此中商品們是同一的價值本體之等質而只有量差的具體化。

交換價值與價格之區別在一方面單是顯示爲名目上的差別，如亞丹斯密曾謂勞動是眞實價格，貨幣是商品們之名目上的價格。假如1盎斯黃金是30勞動日之產品，則1卡特小麥不用評價爲30勞動日，是評價爲1盎斯黃金。在另一面，這個差別却不單是名目上的差別，在流通過程中脅迫着商品的一切暴風，甯是集中在這個差別上的。30勞動日是包含在1卡特小麥中，因而小麥無須乎表現在勞動時間裏面。但是黃金是和小麥不同的商品，一卡特小麥如其價格中所預示着的，實際上值否一盎斯黃金，只有在流通中才能證明。那是要看一卡特小麥究竟是使用價值還是不是，其中所含有的勞動時間量究竟能證明爲由社會在一卡特小麥之生產上

資 本 一 般　　　63

所必然地需費了的勞動時間量還是不能。作爲商品的商品是交換價値，它有一項價格。商品中所含有的特殊的個人的勞動要經過推銷之過程才被表現爲它的對立物，被表現爲無個性的，抽象上之一般的，只有在這種形態中才是社會性的之勞動，即是被表現爲貨幣，這是在交換價値與價格間的這種差別中顯示着的。該項勞動能否有這種表現，好像是偶然的事情。所以在價格中商品之交換價値雖然只是觀念地得着和商品有別的存在，在商品中所包含的勞動之二重性雖然還只是作爲相異的表現法而存在着，又在另一方面一般的勞動時間之具體化，即黃金，雖然還只是作爲現實的商品之觀念上的價値尺度而對立着，但在作爲價格的交換價値之存在中，即在作爲價値尺度的黃金之存在中，商品對於現金的推銷之必要，商品之不能推銷之可能，簡而言之即是由於生產品之是商品，由於私人之特殊的勞動爲要有社會性的作用之必須表現爲其直接的對立物，表現爲抽象上之一般的勞動，由於這樣所生出的全部的矛盾是潛伏地包含着的。所以想要商品但不要貨幣，想要立足在私人交易上的生產而不要這種生產所必具的條件的一些空想主義者們，他們不是在貨幣之實質的形態中，却是在作爲價値尺度的那種空幻的形態中把貨幣"否認"了，那是自然的趨勢。在跟不能見的價値尺度中堅硬的貨幣是埋伏着的。

卽算把黃金之由以成爲價値之尺度，交換價値之由以成爲價格的那種過程假定着，一切的商品在其價格中還只是各種大小不等的觀念上的金額。商品們在作爲這樣大小不等的同一物之分量，卽金額上，彼此相平準，相比較，相秤量，在技術上使商品們和作爲尺度單位的一定量之黃金須得發生關係之必要便會發展起來，這種尺度單位，因到自己能夠分爲可除盡的部分，這些部分又可以分爲可除盡的部分，便發展成爲了標準尺度[1]。作爲這樣的之金額是由重量來秤定的。就這樣標準尺度在金屬之一般的衡量中已經是現存着，這種衡量在一切金屬的流通上所以也首出地效用爲價格之標準。因爲商品們彼此間的關係已經不再是由勞動時間所測量的交換價值，而是在黃金中被測量着的同名的大小，所以黃金便由價値之尺度轉化爲價格之標準。商品價格在彼此作爲相異的金額之比例就這樣結晶成爲種種的數字，這數字們是在一種想像的金額中寫出的，是表現爲可除盡的部分之標準。作爲價値之尺度且作爲價格之

[1] 在英國一盎斯金作爲貨幣之尺度單位上其餘分是不能除盡的之怪現象，其說明如次："我國的貨幣鑄造原本是只在銀上適用的——所以一盎斯銀總可以細分爲若干片適當之銀幣；但在後年只適用於銀的貨幣鑄造上採用了金實時，一盎斯金便不能鑄造爲適當數的小片。" Maclaren: "泉貨史"，第16頁，倫敦1858年。

標準的黃金有兩種完全不同的定形，甲種和乙種之混淆喚起了一些最騷然的學理。價值之尺度是作爲對象化了的勞動時間之黃金，價格之標準是有一定的金屬重量之黃金。黃金之成爲價值之尺度是因爲作爲交換價值的黃金在作爲交換價值的商品們上關係着的原故，在價格之標準中則一定量的黃金對於其它種種分量的黃金是作爲單位而效用着的。黃金是價值尺度，因爲黃金之價值是可變。黃金是價格之標準，因爲它是作爲不可變的重量單位而固定着的，在這兒，如像種種同名的分量之一切的尺度規定一樣，尺度比例之固定成爲絕對的。定出一種金額以爲尺度單位，定出可除盡的部分以爲這種單位之餘分，這樣的必要產出了這種的觀念，就好像本來是有可變的價值之一定的金額對於商品們之交換價值是定成了一種固定的價值比例一樣，在這時下面的事實是被人忽略了的，即是商品們之交換價值之轉化爲價格，爲金額，是在黃金之發展成爲價格標準之前。黃金價值就跌到1000%，然12盎斯黃金對於1盎斯黃金依然有12倍大的價值，而在價格裏面也只是種種不同的金額相互間之比例成爲問題而已。在另一方面因爲一盎斯金是決不隨着金的價值之或漲或跌而變異其重量，它的可除盡的部分之重量也是決不更變，所以黃金在作爲價格之固定的標準上總常常是盡着同樣的職務，全不管自己的價值會怎樣的變遷。[1]

隨後由金屬流通之性質我們將得說明的，有一種歷史的過程帶到一種現象，便是貴金屬在作爲價格標準的那種機能上儘管它的重量是常在變換常在減少，總有一種同樣的重量名稱是維持着的。所以英國的磅比原來的重量小到三分之一以下，蘇格蘭的磅在合併之前只有1/36，法蘭西的黎佛爾1/74，西班牙的馬拉維迭在1/1000以下，葡萄牙的累(Re)其比例更小。就這樣金屬重量之貨幣名歷史地和其一般的重量名分離[2]。因爲尺度單位之規定，它的可除盡的部分

(1) "貨幣可以不斷的變換其價值，然在其爲價值之尺度上則無所變更就像是完全固定着的一樣。譬如我們假想着貨幣是跌了價……在跌價之前，一圭涅可換三布昔小麥或六天勞動；價一跌落便只好換二布昔小麥，或四天的勞動了。在這前後兩次中，小麥與勞動對於貨幣的關係是標示着的，它們相互間的關係便可以推定；換句話說，我們可以確定一布昔小麥是值兩天的勞動。這就是作爲尺度的價值所包含有的整個的意義，在跌落之後與在其前是一樣的作用。一種物品在作爲價值之尺度上的它的優越性，和該物品本身之價值變化是完全無關的。" Bailey: "貨幣及其變遷"，第11頁，倫敦1837年。

(2) "貨幣在今日之成爲觀念者（英譯者注：卽名實不符）在任何國度之古代有一次曾經是完全眞確的（這句話說得太寬泛），要

及其名稱一方面完全是歷來的因襲，另一方面在流通內部又須得有普遍性和必然性之特質，所以這種規定必然是成為法律上的規定。純形式上的活用自然是落到政府手裏[1]。

那樣才便於計算。" Galiani : "貨幣論"，前書，第153頁。

(1) 浪漫派的 A. Müller 說："照我們的觀念來說，凡是獨立的帝王都有極柄來命名金屬貨幣，賦予以社會的價目，等級，位置，稱號。"（ A. H. Müller : "政治學初步"，柏林1809年，第二卷，第276頁）關於稱號上，這位宮庭顧問大人說得是對的；他只是把實質忘記了。他的"觀念"是怎樣的混亂，請看下文："在鑄造價格之正確的規定上關係是怎樣的多，每個人都能看透，特別像在英國那樣的國度，那兒政府以宏大的寬容無征地鑄造貨幣（Müller 大人似乎以為，英國的政府人員把鑄幣費是從自己的私囊裏掏出的），在那兒不征收鑄費等等，假如金之鑄造價格定得比市價更高，假如一盎斯金不是如目前一樣作為3鎊17先12半片士而定為3鎊19先，則一切貨幣都流向鑄造局，在那兒所得到的銀到市場上來和這兒的比較便宜的金相兌換，換來又送到鑄造局，則造幣制度會陷於無秩序。"（前書第280——281葉）Müller 為要維持英國鑄造局之秩序，他自己却陷進了"無秩序"。先零片士只是名目，是由銀記金屬銅記金屬所代表的一盎斯金之幾分之幾的名目，Müller 却以為一盎斯金是在金銀銅中權量，以英國人有此三重的價值標準為可慶賀。作為貨幣尺度與金並行的用以為貨幣資料的一定的金屬，是社會地所與着的。這種法律上的價值標準，自然是隨國度之不同而不同。例如在英國金屬，重量上之一盎斯是分為片尼威，加侖，開拉特等金量，但作為貨幣單位之一盎斯金則分成3香梭威侖，一梭威侖分為20先零，一先零分為12便士，所以100鎊22開的金（1200盎斯）=4672梭威侖和10先零。但在國界於以消滅的市場上，這種貨幣尺度之國家的特質又消失了而退回於金屬之普通的重量尺度。

一種商品之價格或該商品觀念地於以轉化的金額，現在是在黃金標準之貨幣名目中表現着了。現在自然是用不着說一卡特小麥等於一盎斯黃金，假如人是住在英國說話，那他會說是等於3鎊17先10香片士。一切的價格就這樣同名目地表現出來。商品們對於自己的交換價值所賦予的特有的形態，是轉化成為貨幣名稱，它們的價值幾何，於此中互相表白着。貨幣在貨幣一方面便成為計算貨幣（Rechengeld）[1]。

銀，在形式上不免是1816年由喬治三世才廢止的。在事實上1347年喬治二世已經早有明令廢止，而實際的慣例上廢止得更早。使A. Müller特別能夠達到經濟學之一種所謂高級的理解的，有兩層原因。第一是他對於經濟的事實之廣泛的無知，其次是他對於哲學之純然街學的熱狂態度。

資　本　一　般

商品在腦中，在紙上，在口頭之轉化為貨幣，這是無論何等財富只要在交換價的觀點之下一看定了後[2]，總是要發生的。黃金之資料對於這種轉換是必要的，但是只是在觀念上。為要把1000包棉花在若干盎斯黃金中去評價，而這若干盎斯又要表現為計算名稱之鎊・先・便士，那是連現實的黃金中之一個原子都是不費用的。1845年爵士羅伯池・皮爾之銀行條例未頒佈以前，在蘇格蘭雖然一盎斯金而且是依照着英國的計算標準等於3鎊17先10$\frac{1}{2}$便士是作為價格之法定的標準的，然而却從不曾有一盎斯金之流通。又如西比利亞對中國的商品交換，雖然實際上還只是有無交易的程度，而銀却是作為價格之尺度而效用着的。所以就在作為計算貨幣的貨幣上，其尺度單位之全部或一部實際上是經過鑄造與否，那是無可無不可的。英國內部，在征服王威廉時代，只是在作為計算貨幣上有一鎊金，在那時是等於一鎊純

(1) "人問 Anacharsis，希臘人因何故而用貨幣，答曰因計算故。"（Atheneus 著："晚餐中之學者"，Schweighauser 編第二版，1802年）

亞丹斯密之法國翻譯者中早期的一人，G. Garnier 有過一種的話：
　　他的想法，他想定出計算貨幣之使用與實際的貨幣之使用間的一種比例。他的比例是十對一之比。（G. Garnier："古代以來之貨幣史"第一卷第78頁。）

銀，和一先零，在那時是等於古鎊純銀，是存在着的，而同時等於㕷鎊純銀的一便士，却是當時所鑄造的最大的銀幣。與此相反的是在今日的英國國內，雖然先零與便士是作爲一盎斯金之幾分之幾的法定的計算名目，而實際上却無先零與便士存在。作爲計算貨幣的貨幣一般地能夠單在觀念上存在，而實際存在着的貨幣却是依據着完全另一種的標準而被鑄造。所以在北美的許多英國的殖民地中，流通着的貨幣一直到十八世紀的中葉都是由西班牙與葡萄牙的鑄幣而成立着的，然其計算貨幣則一般地和英國國內一樣[1]。

因爲在作爲價格標準上的黃金顯示着與商品價格同一的計算名稱，例如一盎斯金也就如一噸鐵一樣被表現爲3鎊17先10½便士，所以人們稱它的這種計算名稱爲金之鑄造價格。因而有一種奇妙的觀念生出，好像金是由自己本身的物質而評價，和一切其它的商品不同是由國家制度上得到一種固定的價格一樣。人們把對於一定的金重量之計算名稱之固定，誤認爲了這種重量之價值之固定[2]。黃金在作

(1) 1723年的瑪利朗德條例把菸草定爲了法定貨幣，但把菸草之價值是還元成爲英國金幣的，卽一磅菸草抵一片尼，正得更早理解的，有羅馬時代的 leges barbarorum（民族法），在該法中一定的一頭是反過來定爲與牡牛牝牛等等相當。在這時計算貨幣之實際的物質不是金也不是銀，却是牡牛和牝牛。

為價格規定之要素而效用着，因而是作為計算貨幣而效用着的時候，不僅並無固定的價格，而且並無價格。為要有一種價格，就是說要在一種特殊的商品中把自己表現為一般的等價物，那這種別的商品當得串演着與黃金同樣的那種專門的節目。但是把一切其他的商品都除外着的兩種商品是互相排除的。所以在銀與金法定為貨幣，即是說定為價值尺度，而並存着的地方，要把兩者作為一種同一的材料而處理的企圖，總是徒勞。我們如假定着同一的勞動時間不可變地在銀與金之同一的比例中對象化了，那我們所假定的事實上是銀與金是同一的材料，而價值較低的金屬之銀是金之不變的分數。由愛德華三世在立年代至喬治二世期中，英國之貨幣史是始終混亂着的，其混亂之故即由於金銀價值比例之法定與其實際的價值動搖間所起之衝突。定價過低的金屬會由流通界脫離，改鑄而輸出。兩種金屬之價值比例於是又會用法律來變更，但這種新的價值名目不久又會和舊的一樣，與實際的價值比例陷於同樣的衝突。在我們目

(2)例如我們在 David Urquhart 君之"家常談"中便可以讀到這樣的話："金之價值由金之本身以測量；無論任何物質怎能在別的物品中得到自己本身的價格之測量呢？金之價值是成就於金底本身之重量，在那種重量底假名之下——一盎斯是值若干鎊與鎊之若干分。這是假擬着一種尺度，非確定着一種標準。"

前的時代，因爲印度與中國的銀需要使金對於銀之價值有十分輕微而且暫時的低落，這同一的現象，卽銀之輸出與其被黃金向流通之外的驅逐，在法蘭西是大規模地釀成着的。在1855年，1856年，1867年，金之輸入法蘭西超過於金之輸出法蘭西者 41 580 000鎊，而銀之輸出超過於銀之輸入者 14,704,000鎊。事實上凡像法蘭西那樣，兩種金屬同爲法定的價值尺度，在度支上兩者都須得收受，但是每一種都可任意代償別一種的這樣的國土中，漲了價的金屬便生出旺頭，便會和其它的每種商品一樣把自己的價值在評價過高的金屬中去測量，這後者的金屬於是便專於效用爲價值尺度。在這種範圍內所有一切的歷史的經驗可簡單地要約如次：凡在法律上規定着兩種商品同具有價值尺度之機能的地方，事實上維持着這樣的地位的總只有一種[1]。

> (1)"黃金是商業之尺度，是一切物品之價格，所以須得（和其它一切尺度一樣）要盡可能地固定不變。但假如你的貨幣是成於兩種金屬，兩者之比例……相襲地不斷的變更，則此事乃不可能。"
> (John Locke:"關於利息低落之若干的考察" 1691年；全集第七版，1768年倫敦，第三卷第65頁。)

B. 貨幣尺度單位說之種種

商品在作爲價格上單是觀念地轉化爲黃金，因而黃金也單是觀念地轉化爲貨幣的這種情形，生出了**貨幣之觀念的尺度單位說**。因爲在價格規定上，只是觀念的金或銀在發生作用，金與銀又只是在作爲計算貨幣上發生作用，所以便有的主張着鎊・先令・便士・它戟・法郞等等不是表示的金或銀或別的甚麼對象化了的勞動，甯是表示着觀念的價值原子。所以譬如一盎斯銀之價值如騰貴了，則一盎斯銀所含的這樣的原子便更多，因而當得核算成更多的先令，鑄造成更多的先令。這種學說在英國最近的商業恐慌中又復活了起來，在國會裏面甚且敍述在屬於一八五八年所成立的銀行委員會之報告的兩種特別報告之中，其實是發生在十七世紀之末葉。

在威廉三世卽位的當時，一盎斯銀英國的鑄貨價格是5先令2便士，卽 $\frac{1}{62}$ 盎斯銀等於一片尼，12便士是呼爲一先令。準據着這項標準，例如6盎斯銀之銀重量，是鑄造成名爲先令者的31枚。但一盎斯銀之市場價格超過它的鑄貨價值之上，由5先令2便士昇到了6先令3便士，卽是如要買一盎斯生銀，須得費去6先令3便士。鑄貨價格如只是一盎斯銀之可除盡的分數之計算名稱，一盎斯銀之市場價格何以能超過它的鑄貨價格呢？這個啞謎很容易解釋。在當時流通着的5,600,000鎊銀元中有四百萬鎊是磨損了，盜削了，改鑄了，實驗之結果表示着應有220,000盎斯重的57,000鎊銀元,只有141,000盎斯重。鑄造局照常依着同一的標準在鑄造,但是實際上流通着的輕質的先零只代表着比它名稱所示的是更小的一盎斯之可除盡的部分。在市場上對於一盎斯生銀自然要值更多的這種變小了的先零。由這樣所生出的混亂之故,議決了有一番全般的改造時,當時的財政大臣勞德斯(Lowndes)主張着說,是一盎斯銀之價值騰貴了,所以一盎斯銀今後須得鑄成6先令3便士,不能再像歷來的5先零2便士。所以實際上他所主張的是,因為一盎斯銀騰貴了,它的可除盡的部分是跌落了。但他的這種理論只是一種正當的實用目的之敷衍。國債是在輕質的先令中締結的,難道應該在重質的先令中償還嗎?名目上是5盎斯,但實際上只含着4盎斯的,他不好說只償還你4盎斯,他反而說在名目上償還你5盎斯,但在金屬含量上要減約到4盎斯,向來之名為先令者名之為先令。勞德斯在理論上是堅持着計算名稱,而在事實上不消說是固執着金屬含量的。單在計算名稱上固執着,因而以為減輕了百分之二十以至三十的先令是與十足的先令相同的他的反對者們,反而主張着要專固執着金屬含量。

約翰·洛克(John Locke),他是替一切形態中的新興資產階級辯護的人,對着勞動階級和貧民替產業家辯護,對着古風的大利盤剝替商業家辯護，對着國債所有者替金融貴族辯護，在他一種專著裏甚至說明資產階級的悟智是人類正規的悟智，他和勞德斯挑起戰來。約翰•洛克勝利了，一奎涅當10或14先令借來者弄到以一奎涅當20先令的去償還[1]。爵士•吉姆司•司徒瓦特把這場生意諷刺地綜合着說：

(1) 洛克有云："在前……只是一克隆之一部分的，現在是稱之為一克隆。……銀之等量與銀等量總是同價值。……因為假如你減去任何貨幣之銀質底鐵而不至減低其價值，則減去任何貨幣之銀質底鑑亦不至減低其價值。若然，則一個小片尼可以稱為一克隆，可以去買銀質多二十倍的一克隆所能買的同量的香料，絹帛，或其它任何的商品。……若然，則是對於銀質少量者給以大量者之印記與名號。但是價賣與購買商品者乃銀而非名稱。"(前書第135--145頁散見)假如提高貨幣價值只是說對於一種銀幣之可除盡的部分可以任意命名，例如名一盎斯之八分之一為片尼，則是實際上可以任意提高貨幣之價值。洛克同意答覆勞德斯說市場價格之超過鑄貨價格不是"由於銀價值之騰貴，實是由於銀幣之減輕"。77枚被盜削和改鑄了的先令和62枚十足的先令不差分毫。最後他正確地則發着說，除掉流通着的銀幣之銀質減輕以外，生銀在英國之市場價格多少也會超過鑄貨價值之上，因為生銀之輸出自由，而銀元之輸出是有禁的。(前書第54--116頁散見) 洛克警戒着沒談到議論沸騰着的國債問題，同時他也警戒着沒涉及那個微妙的經濟問題。那個問題是：匯兌行市與

"政府在租稅上找到贓項，債權者在資本與利息上找到贓項，獨有受着詐騙的國民眞是歡喜，因爲他們的標準（他們自己的價值之標準）是沒有低貶[1]。"司徒瓦特以爲商業愈見發展時，國民會愈見狡猾起來。他是錯誤了。嗣後約略一二十年間這同一的錯誤是反復着的。

英國哲學中神祕的理想主義之代表者，白克萊他對於貨幣之爲觀念的尺度說給與了一個理論的轉換，爲實際的"財政大臣"所忽略了的，那是當然的順序。他問道："里沃爾，金鎊，克隆等等名稱不是可以看爲單純的比例名稱嗎？（卽是抽象的價値之作爲如是者之比例。）金銀乃至紙幣非其(價値比例)在計算上記錄上匯兌上之單純的符契或籌碼嗎？主宰着別人之勤勞（社會的勞動）的那種權威不就是眞實的財富嗎？貨幣在實際上除掉是這種權威之移轉或記錄的籌碼或信符之外還是甚麼？這種籌碼是由何種物質所構成的，難道還有好大的關係嗎[2]？"在這兒一方面有價値尺同生銀對銀元之比例表示着，流通着的貨幣並不準據其實際的銀質減輕之比例而跌價。在一般形態中的這個問題我們在論流通手段之一節中將再論及。Nicholas Barbon在所著"論新貨幣之減輕鑄造，答洛克氏之考察……"倫敦1696年，想把洛克逼窮，但是失敗了。

(1) Steuart，前書第二卷，第154頁。

(2) "質問者"，見前。"關於貨幣之質問"大都是才氣煥發的。就中白克度與價格標準間之混淆，另一方面又有金或銀之作為尺度上與作為流通工具上之混淆。因為貴金屬們在流通過程中可以由符契之類來代理，所以白克萊便結論着說，這種符契們本來是空無一物，那是只表現着抽象的價值概念。

到了爵士・吉母司・司徒瓦特，貨幣為觀念的尺度之學說完成到了這樣的程度，便是他的後繼者們——無意識的後繼者們，因為他們沒認識他——不能更找出一句新話，甚至也不能更舉出一項新例。"計算貨幣"，他說，"不外是相等的部分之一種隨意的標準，發明了出來是為要測量販賣着的物品之相關的價值的。所以計算貨幣與鑄貨貨幣(money coin)不同，鑄貨貨幣是價格 [1]，即使世間上沒有甚麼物質的存在，可以作為一切商品之適應的比例的等價物，而這計算貨幣也會存在。計算價值對於物品之價值所盡的任務，就和度分秒等等之於角度，尺寸之於地圖等等一樣。在這一些考案中照例總是有一些名稱取來做單位。那些考案之用途都是限制在做比例之記號。貨幣中之單位也恰好是這樣，它對於價值之任何一部分不能夠有不變的比例，那是說，它對

> 萊中肯縈的說道，北美殖民地之發展，正"使此事明如白晝，即是金與銀之於一國底財富並不如諸色人等之俗羣所想像的那樣地必要。"

(1) 價格(Price, Preis)在這兒是現實的等價之澄，十七世紀之英國的經濟學者們是如此使用。

金,銀,或其它任何商品之任何特定的分量不能夠固定。單位一定,我們由它的倍數,可以昇到最大的價值。商品之價值因爲是依靠在關係於其本身的與同關係於人們之嗜好的各種情形之一般的聯合,所以商品之價值只有在它們彼此的關係中才能視爲可變;因而凡有妨害或擾亂我們用一種一般的,決定的,不變的尺度去確定那些比例之變化的,那必然是有害於商業。貨幣只是相等的部分之一種觀念上的尺度。假如有人要問,然則一部分之標準的價值會是甚麼?那我要問問一句來答覆:然則一度,一分,一秒之標準的長度是甚麼?它們是沒有的,但是只要有一部分是由一種尺度之性質來決定了之後,那一切其餘的部分便不能不依據着這個比例。關於這種觀念上的貨幣,我們有兩個例子。一個是阿姆斯坦(Amsterdam)銀行,另一個是亞非利加海岸之安果拉(Angola)貨幣 1。"

司徒瓦特是單在作爲價格之標準與作爲計算貨幣而流通着的貨幣之現象上固執着的。假如有種種不同的商品,在價格表中是各各表記爲15先令,20先令,36先令,則對於它們的價值大小之比較實際上在我所注意的不是銀的實質也

(1) Steuart,見前書第二卷第154,299頁。【譯者按此處馬克思之譯文,與英譯者所引原本(1767年倫敦第一版,第526—532頁)稍有出入處,此乃參照英文譯出。】

資 本 一 般 79

司徒瓦特不僅是把金與銀拋去，連金銀在法律上的洗禮名都不得不拋去。因為他不曾了解得價值尺度之向價格標準之轉化，所以他自然會以為作為尺度單位所效用着的一定量之黃金，在作為尺度上不是和別的金量相關，而是和價值本身相關。因為商品們由於它們的交換價值之轉化為價格而顯示為同名的數量，所以司徒瓦特否認了那把商品們同名化了的尺度之性質，又因為在這種種不同的金額之比較中照常總是作為尺度單位而效用着的金額之大小，所以他便看脫了這種金額之大小一般地是非固定不可的。全圓360分之一他不必名之為度，他可以名其180分之一為度；於是直角便不必是90度而可以45度計算，銳角與鈍角準此。但儘管是這樣，角度依然不變，第一項是一個定性的數學的圖形圓，第二項是定量的圓弧。至於司徒瓦特所舉的經濟上的兩個例證，有一項是用來反駁自己，另一項用來並沒有證明出甚麼。阿姆斯坦之銀行貨幣實際上只是對於西班牙的都布隆貨幣之計算名稱，在那通行的庫郎貨幣和外界劇烈的磨擦而消瘦了的時候，這都布隆貨幣睡在銀行金庫中保持着了它們的全身的脂肪。但要說到那些亞非利加的觀不是先令之名稱。這15，20，36等數字之比例現在是談說着一切，而數字之1成為唯一的尺度單位。比例之純抽象的表現一般地就只是這抽象的數字比例。為要徹底的原故，所以念主義者們（此指安果拉貨幣——譯者），不等到有批判的旅行記者們更詳細的報告出來，你們只好置之不理 1。與司徒瓦特意想中之貨幣相近似的，可以舉出法蘭西的革命貨幣亞希涅（Assignat）："國民的財產。亞希涅值一百法郎。"亞希涅所當表徵的使用價值，卽是沒收了的土地，在這兒雖是例舉着的，但是尺度單位之量的意義是忘却了，因而"法郎"是一個空洞的名詞。一個亞希涅法郎所表徵着的土地究竟或多或少，是要看公家的競賣之結果說話。不過在實際上亞希涅法郎是作爲銀元之價値表徵而流通着的，因而它的低落是由這銀標準來算量。

英格蘭銀行停止了現金兌付的時代，所產出的戰時佈告都不如所產出的貨幣理論之豐富。紙幣之跌落與金之市場價値之超過於其鑄貨價格，在少數擁護銀行者方面，又把觀念的貨幣尺度論喚醒了。克塞勒里卿（Lord Castlereagh）對於這混亂的觀念尋出了那個古典地混亂的表現，他把貨

(1) 在最近的商業恐慌之機會上，英國有某部分的人激讚着這亞非利加的觀念貨幣，但這囘這觀念貨幣之本鄉却由海岸移到巴巴利（Barbary）之內部去了。一般的人是說，巴巴利人之免受工商業恐慌是由於他們用的巴爾貨幣（Bar），是觀念上的尺度單位。如說商業與工業是商工業恐慌之必要條件（Conditio sine qua non），豈不更簡單嗎？

幣之尺度單位表示為 "A sense of value in reference to currency as compared with commodites"（一種價值之意義，關聯於與商品比較着之通貨的）。各種情形在巴黎和平二三年後容許了現金兌付之恢復時，勞德斯在威廉三世時代所提出過的那個問題，幾於是全不改形地抬起了頭來。一項莫大的國債，一項在二十年以上所堆積着的私人債台，固定的諸負債等等，是在跌落了銀行紙幣中契約着的。難道那些負債該由這名目上是4672磅10先令，實際上只代表着22開金100鎊的銀行紙幣來償還嗎？安默司・亞特伍德（Thomas Attwood），是白明罕之一位銀行家，他之出現是勞德斯再世。債權者在名目上契約過多少先令，當得在名目上收回多少先零，但是假如依照舊日的鑄貨尺度壱盎斯金名為一先令，其在目前則畣金是可以命名為先令的。亞特伍德一批人是有名的所謂"小先令黨"（"little Shillingmen"）之白明罕派。以1819年開始的，關於觀念的貨幣尺度之論爭，到了1845年都還在爵士・羅伯池・皮爾與亞特伍德間繼續着，亞特伍德之獨有的聰明，凡是關於貨幣之作為尺度的之官能內，可以要約於下列的引用文中："爵士・羅伯池・皮爾在白明罕商會之論戰中這樣問題：各位的紙金鎊代表的是甚麼？一金鎊是什麼東西？……反過來說，在目前的價值之尺度單位下我們當得有何解釋？……3鎊17先令10壹便士是說等於一盎斯金還是一盎斯金之價值？假使是一盎斯金，那麼何以不用它們的本名，何以不稱為鎊・先令・便士，而稱為盎斯，片尼威特，加侖？是這樣我們可以回到現物交易之制度。……其次如是表現一盎斯金之價值？假使一盎斯＝3鎊17先令10½便士，何以它們在種種不同的時代，時而是5鎊4先令，時而是3鎊17先令9便士呢？……鎊（£）之一語與價值自有攸關，但所關係的不是在不變的某一種重量之金額中所固定了的價值。鎊是一種觀念的單位……勞動是生產費之父母而分與金或鉄以其相對的價值。在表示一個人之一禮拜或一日底勞動所用的特殊的計算名稱不管是甚麼，這種名稱都表現着那所生產的商品們之價值。"[1]

在這最後的文句中，觀念的貨幣尺度之朦朧的觀念清晰了起來，現出了它的本來的意義。金之計算名稱，鎊・先令・以及其它，當得是種種既定的勞動時間量之名稱。因為勞動時間是價值之本體與內在的尺度，所以每種名稱在實際上是表現着價值比例之本身。換句話說，勞動時間是被視為貨幣之真實的尺度單位。關於白明罕學派就只說這一點，但順便也可以注意一下，這觀念的貨幣尺度論在關於銀行紙幣之兌換性或非兌換性的論爭中得着了新的重要。紙幣假如其名稱是得自金或銀，則紙幣之兌換性，即其與金或銀

(1) "通貨問題", Gemmi通信集。倫敦1844年，第260—272頁。

之交換性，不管法律上的規定是怎樣，是不失為經濟上的法則。就這樣如像普魯士底一它勒紙幣，那在法律上雖然是不兌換紙幣，但如在通常的交易中敵不上一枚銀它勒，自然就是在實際上不能兌現，那它立地便會跌價。在英國方面不兌換紙幣之澈底的支持者們所以便遁逃到觀念的貨幣尺度。貨幣之計算名稱鎊・先令等等假如是對於一種商品在和別種商品之交易中或多或少地所吸入或注出的一定量之價值原子之名稱，則一張英國的5金鎊紙幣與其對於金之關係無涉，也就和它對於鐵與棉花之關係是無涉的一樣。它的稱號既不使它和一定量之金或銀或任何商品於理論上成為相等，則它的兌換性之要求，卽是說它在實際上與某一種商品之一定量的相等之要求被它本身的概念排除了。

勞動時間為貨幣之直接的尺度單位說是由約翰・格雷(John Gray)才系統地展開了出來的[1]。他主張有一座國民

(1) John Gray:"社會系統。論交換之原理。愛丁堡1831年。"又參照同著者底："關於貨幣之本質與效用的講演集。愛丁堡1848年。" 二月革命後，格雷對於法蘭西臨時政府提出一項建白，在其中他敎導他們，說法蘭西所需要的不是"勞動之組織"，而是"交換之組織"，其組織計劃在他所發明的貨幣系統之中他是完整地規劃了出來。這位誠實的約涂沒有想到他的"社會系統"出世之後十七年同樣的發現之專賣特許權公然被大發明家之蒲魯東所剝奪了。

的中央銀行，由其各處的分行來確證在各種不同的商品們之生產中所費用的勞動時間。生產者在商品之交換上受到一張正式的價值證明書，卽是說受到一張領單如數領收到他的商品中所含有的勞動時間¹，一個勞動禮拜，一個勞動日，一個勞動時間等等之銀行紙幣，同時是在該銀行存庫中所儲藏着的一切其他商品中當成一張等價券而効用着的。² 這便是根本原則,他留心地在現存的英國的諸種設備上詳細而透闢地敍述着。在這種制度之下，格雷說，"販賣找錢無論在什麽時候當配備來如像現在用錢購買一樣，毫不費事；生產會成為需要之等形的不竭的源泉。" ³ 貴金屬會失掉它們對於別種商品之"特權"，"會在市場上同黃油與雞蛋，衣料與棉布並列而站着自己相當的位置,在那時貴金屬之價值會和鑽石底價值一樣在我們是不生關係。" ⁴ "我們

(1) Gray:"社會系統"第63頁。"貨幣當得只是一種收條，是證明有此收條者他曾經獻納過某種價值於財富之國民的儲藏，或則他有一項權利去要求某一個人所要獻納出的那種同等的價值。"

(2) "對於生產品預先把價值規定好之後,存寄在銀行裏，幾時需要，幾時都可以取出，只是在那時大家是定着公約的，凡有品物存寄在該項國民銀行裏的人，他可以取出含有同等價值的任何物品，而不必定要自己所存寄的原物。"(前書第68頁)。

(3) 前書第16頁。　(4) Gray:"貨幣講演集"第182頁。

資　本　一　般

是該固執着觀念的價值標準之金，因而以束縛着土地之生產力？還是該求助於自然的價值標準之勞動，因而把土地之生產力解放？" [1]

　　勞動時間既是商品之內在的尺度，何以於勞動時間之外還有一種外在的尺度？交換價值何以發展而為價格？一切的商品們何以把自己的價值在一種專指的商品中測量，那種商品因而轉化為交換價值之等價的存在，轉化為貨幣？這是格雷所不得不解決的問題。他沒去解決，而在想像中以為商品們能夠在作為社會性的勞動之生產品上直接地互相生出關係。但是商品們是只能在其為商品上發生關係的。商品是個別的獨立的私人勞動之直接的生產品，那種私人勞動要由商品們在私人交換之過程中之推銷然後才能證明其為一般的社會的勞動，即是在商品生產之基礎上的勞動要經過個性的諸勞動之全面的推銷然後才成為社會的勞動。但是格雷假如把商品所含有的勞動時間假定為直接的社會的，那他是把來假定成為一般的勞動時間，或是直接地結合着的個人們之勞動時間。是那樣，則一種特殊的商品，如金與銀，對於別的商品們不能作為一般的勞動之具體化以成對立，交換價值不能成為價格，但是使用價值也不能成為交換

(1) 前書第169頁。

價值,生產品不能成爲商品,那樣則有產者的生產之基礎本身便只好消滅。但那決不是格雷底本意。生產品當作爲商品而生產,但不是作爲商品以交換。格雷把這個虔誠的祈願之執行寄託給國民銀行。一方面社會在銀行之形態中使個人們離開私人交換之諸條件而獨立,另一方面又使他們在私人交換之基礎上繼續生產。格雷雖然是只想"改革"由商品交換所生出的貨幣,但是內在的澈底却逼着他把有產者的生產條件挨一挨二地否定了。就那樣他把資本轉化爲國有資本,[1] 把地權轉化國有地權,[2] 如把他的銀行詳細地考察時,那不僅是一隻手領受商品,另一隻手發行獻納了的勞動之證明書,而且是在調節着生產之本身。在他最後的著述"貨幣講演集"中,在那兒格雷很焦心着想把他的勞動貨幣表現爲純粹有產者的改革,他把自己繾結在更進一層的矛盾裏去了。

每種商品直接地是貨幣。這是格雷由他的不完全的因而是錯誤的商品之分析所引導出來的格雷底理論。"勞動貨幣"與"國有銀行"與"貨棧"之"有機的"結構,只是夢想,獨斷的臆說想于以由幻術之力實現爲支配世界的法則。這種

(1) "各國底事業均應由國有資本以經營"(約翰●格雷:"社會系統"第171頁)。

(2) "土地變形而爲國有財產"(前書第298頁)。

獨斷說，所謂商品即貨幣，或商品中所含有的私人之特殊勞動即社會的勞動，即使有一座銀行相信而依照着實行，不消說不必便是眞理。在那樣的時候倒會有破產來担任着實際的批判之任務。在格雷書中所隱藏着的，甚至連他自己都還不曾明白的，即是所謂勞動貨幣是對於祈願免掉貨幣，與貨幣同時而免掉交換價值，與交換價值同時而免掉商品，與商品同時而免掉生產之有產者的形態的，那種虔誠的祈願之一種經濟地鏗鏘着的代詞，這不久由幾位英國的社會主義者，有的是在格雷之前，有的是在其後，便明訴了出來。[1] 但是把這貨幣之入地獄與商品之上天堂莊乎其嚴地作爲社會主義之核心而說教，以此而把社會主義歸納成爲對於商品與貨幣間之必然的聯結上之一種初步的誤解，這些工程是替蒲魯東先生與其黨徒們保留着的。[2]

(1) 參看 W. Thompson: "財富分配之研究……" 倫敦1827年。Bray: "勞動之惡害與勞動之救濟"，里池1839年。

(2) 下列一書可以視爲這一類的文明戲般的貨幣論之菁華： Alfred Darimont: "銀行改革論"，巴黎1856年。

2. 流通工具

商品們在價格賦與之過程中已經得到流通可能的形

態，黃金得到了它的貨幣性質之後，流通便會把那商品們之交換過程所包含着的諸矛盾，同時表示出來而加以解決。商品們之實際的交換，那是說社會的質料交易，在一種形態變換中舉行着，那兒商品之作爲使用價值與交換價值的二重性質展開出來，其固有的形態變換却同時結晶爲貨幣之特定的諸形態。這種形態變換之敍述是流通之敍述，我們是知道了的，假如有商品世界且隨之而有實際地發展着的分業爲前提的時候，商品只是發展了的交換價值，同樣地流通也是以全面的交換行爲及其質料交易之不斷的交流爲前提。這第二的前提是，商品們作爲價格旣定的商品寘入交換過程中，即是在交換過程之內部相互顯示爲二重存在，現實上是使用價值，觀念上——在價格裏面——是交換價值。

在倫敦之最繁華的街市中，肆廛駢列，在那宏敞的飾窗後面，一切世界底財富燦爛爭輝，印度的披肩，美洲的來福槍，支那的磁器，波斯的腰裹肚，俄羅斯的皮貨，熱帶地方的香料，但是這一切世界的享樂品在那額頭上都帶着有宿命的白色的紙標，在那紙標中寫着亞剌伯數字而帶着些 £（鎊）S.（先令）d.（便士）等符號。這就是出現在流通中的商品們之寫照。

a. 商品之蛻變

更詳細的觀察時，流通過程表示着兩種不同的循環形態。我們且名商品(die Ware)為 W，黃金(das Gold)為 G，那我們可以把這種形態表示如下：

W——G——W

G——W——G

在本節中我們專論這第一種形態，即商品流通之直接形態。

循環 W—G—W 分析而為 W—G 之運動，乃商品對貨幣之交換，即販賣；為 G—W 之反對的運動，乃貨幣對商品之交換，即購買，又為兩種運動之統一 W—G—W，乃以貨幣對商品之交換為目標的商品對貨幣之交換，即以購買為目標的販賣。但是在過程於以終結的結果上，生出 W—W，乃商品對商品之交換，即實際的資料交易。

W—G—W，假如我們從第一項商品之極點出發，是表現着該商品之轉化為黃金及由黃金之復歸化為商品，即是一種運動，在其中商品最初是作為特殊的使用價值而存在着，其次是脫去這種存在，得到一種和一切與其自然發生的存在之關係是解脫了的，作為交換價值或一般的等價物的存在，這種存在，又被脫去，最後是歸着為對於各個單獨的慾望之實際的使用價值。在這最後的形態中商品由流通脫出而入於消費。所以流通之全體 W—G—W，第一是每種單獨的商品對於它的所有者為要成為直接的使用價值之故所得經過的蛻變之全統系。第一次蛻變完成於流通之前半部W—G，第二次蛻變完成於後半部G—W，全部的流通形成着商品之 curriculum vital（行狀）。但是流通W—G—W只是一種單獨的商品之總蛻變，而同時也是別種商品們之特定的單方面的諸蛻變之總和，因爲第一種商品之每次蛻變是轉化爲別的一種商品，自然也就是別的商品之轉化爲它，也就是在流通之同一階段上所完成着的雙方面的轉化。我們第一着須得把這流通過程W—G—W所分而爲二的兩種交換過程之每一種，作個別的考察。

W—G即販賣：商品之W出現到流通過程上來不僅是作爲特殊的使用價值，例如作爲一噸鐵，而且是作爲價格旣定的使用價值，例如價格3鎊17先令10壹便士，即一盎斯黃金。這種價值，它一方面是鐵中所含有的勞動時間量，即其價值量之指數，同時是表示着鐵之欲轉化爲黃金的虔誠的希望，即是對於鐵中所含有的勞動時間欲賦與以一般的社會的勞動時間之姿態。這種形質轉變如不成就，則一噸鐵不僅不成其爲商品，且不成其爲生產品，因爲它要對於它的所有者是非使用價值，然後才是商品，它的勞動要對於他人是有用的勞動然後才是現實的勞動，而勞動要在作爲抽上象之一般的勞動才是有用的勞動。所以在商品世界中去尋出鐵引黃金之點的，正是鐵或所有者之任務。但是假如販賣如在

資　本　一　般　　91

這兒單純流通中所假設着的在實際上已經成立，則這種困難，即商品之Salto martale（拚命的飛躍），是克服了的。一噸鐵由其推銷，即是由其爲非使用價値者之手中向其爲使用價値者之手中的轉移，以實現其爲使用價値，所以它同時是實現着自己的價格，而由只是觀念上的黃金成爲實際上的黃金。在這一盎斯金或3鎊17先令10$\frac{2}{5}$便士之名號之地位上，有一盎斯實際的黃金出現了，但是一噸鐵是把地位空出了的。經過W—G之販賣不僅在其價格中觀念地轉化爲了黃金的商品，實際的轉化而爲黃金，經過這同一的過程彼在作爲價値之尺度上只是觀念的貨幣，而在事實上只是作爲商品本身之貨幣名稱而表現着的黃金，也轉化爲實際的貨幣。[1] 因爲一切的商品在金中測量自己的價値，金便成爲觀念上之一般的等價物，同樣在現在是作爲商品對於金的全面的推銷之產物，而販賣之W—G是這種推銷之過程，金便成爲絕對地行銷的商品，成爲現實的貨幣。但是只在販賣之中成爲現實的貨幣，因爲商品們之交換價値是在價格之中已成爲觀念上的黃金的。

(1) "貨幣有二類，觀念的與現實的；且被採用於兩種不同之用途：定物之價値與買物。爲評價之目的，觀念的貨幣不亞於現實的，甚或且過之。貨幣之另一種用途是購買它所已評價之物……價格與契約定於觀念的貨幣，而執行於現實的貨幣。"Galiani, 前書第112頁。

在販賣之W—G中，與在購買之G—W中，是有兩種商品對立着的，都是交換價值與使用價值之統一體，但在商品上，商品之交換價值只是觀念地作爲價格而存在，而在黃金上，黃金本身雖然是一種實際的使用價值，但其使用價值只是作爲交換價值之負荷者而存在，因而只是形式的，與實際的個人的慾望了不相涉的使用價值。使用價值與交換價值之對立便這樣對極地分別在W—G之兩端，卽是商品對於黃金是使用價值，這使用價值把它的觀念的交換價值，卽價格，須得在黃金中方能實現，而黃金對於商品是交換價值，這交換價值把它的形式的使用價值在商品中實物化。只有由商品之這樣的化爲物品與黃金之雙重化，由這再加雙重的對立的關係，它端爲現實的時，本端爲觀念的，它端爲觀念的時，本端爲現實的這種關係，也就是只有由商品之雙重分極的對抗之表現，在商品之交換過程中所含有的矛盾才得解决。

以上我們考察了W—G作爲販賣，作爲商品之向貨幣之轉化。但我們假如立在另一極點之方面，則這同一的過程甯是顯示爲G—W，爲購買，爲貨幣之向商品之轉化。販賣必然地同時是它的反對者，購買，此過程如由甲端考視則爲甲，如由乙端考視則爲乙。卽是只有在實際上過程才是區分着的，因爲在W—G中，是由商品或賣主之一極開端，在G—

W中,是由貨幣或買主之一極開端。所以我們把商品之第一次的蛻變,商品之向貨幣之轉化,作爲通過了第一次的流通後之結果而表述着的時候,同時我們是假定着,別的一種商品已經轉化成爲貨幣,因而已經是在第二次的流通階段G—W中的。那樣,我們是陷在了前提復前提底一個錯誤的循環。這流通本身便是這錯誤的循環。假如我們在W—G中已經沒把G認爲別一種商品之蛻變,那我們是把交換行爲從流通過程中取出了。但是在流通過程之外W—G之形態也當消滅,只還剩着兩種不同的商品,例如鐵與金之對立,它們的交換不是甚麼流通之特殊的行爲,甯是直接的現物交易。金在其生產之起源上和一切其它的商品一樣,也是商品。它的相對的價值與鐵或其它一切商品之相對的價值,在這兒是表現在它們彼此間於以互相交換的分量裏面。但是這種手術在流通過程中是前提着的,金之固有價值已經揭示在商品價格之中。所以像這種觀念,以爲在流通過程之內部金與商品現而爲直接的現物交易之關係,因而它們相對的價值是由於它們作爲單純的商品之交換所確定着的,那是莫大的謬誤。假如由外面看來,黃金在流通過程中戳然是顯示爲對於商品們之單純的商品而被交換,那這種外觀之所由生,只是因爲既定量的商品在價格中已經是和既定量的黃金對等着,即是在已經作爲貨幣,作爲一般的等價物之黃金上發生關係，因而直接地可以和它交換。凡是一種商品之價格在現實而爲黃金的範圍內，該商品對於金是視爲商品，視爲勞動時間之特種的具體化而交換，但假如只是在談當實現於金中的商品之價格，則商品對於金之交換是視爲貨幣而非視爲商品，卽是視爲勞動時間之一般的具體化。但是在流通過程內商品對之而交換的金量，在兩種關係中都不能由交換以決定，反是交換是由商品之價格，卽商品於金中評量的交換價值以決定。[1]

在流通過程之內黃金在每人手中均顯示爲販賣W—G之結果。但因販賣之W—G同時是購買之G—W，所以過程於以出發的商品之W在完成其第一次的蛻變時，作爲它端之G而與之對立着的別種商品則完成其第二次的蛻變，因而通過了流通之後半部，而第一的商品是尙在其過程之前半，這是很明瞭的。

第二的過程之出發點，貨幣，是作爲第一的過程之結果，卽販賣之結果，而出現的。商品之黃金的等價物出而代替該商品在其第一次的形態中之位置。這種結果在初能夠形成出一種靜止點，因爲在這第二次的形態中之商品有其

(1) 商品們之市場價格能比其價值或超或跌，自然是與此無礙的，不過這種顧慮在這單純流通中沒有關係，它是屬於我們隨後當考察的完全不同的一個領域；在那兒我們將研究價值與市場價格之關係。

固有的永續的存在。在所有者之手中為非使用價值之商品，到現在始終是有用之物，因為始終是在可交換的形態，該商品於何時與於商品世界之表面上的何點再出現於流通之中，係依據各種情形而定。商品之蛹化為黃金在它的生涯中構成着一段獨立的部分，商品在那兒能夠或久或暫地逗留。在交易中一種特殊的使用價值之交換是直接締繫在別種特殊的使用價值之交換上的，而創生交換價值的勞動之一般的性質却顯示在買賣行為之分離與滅裂之中。

購買之G—W，是W—G之逆行運動，而同時是商品之第二次的或最終的蛻變。商品在作為黃金上，即是在其作為一般的等價物之存在中，是直接地可以表現為一切別種商品們之使用價值，這些商品們在其價格中把黃金作為自己的彼岸在向它努力，但同時又在價格中指出這種音符，在那裏面當調出的響聲是，它的肉體使用價值跳向貨幣一方面，它的靈魂交換價值却跳進黃金之本身。商品推銷之一般的產物是絕對地可推銷的商品。對於黃金向商品之轉化沒有所謂質的限制存在，却只還有一種量的限制，即是黃金本身之分量或價值量之限制。"現錢可以買換一切"。商品在 W—G 之運動中由作為使用價值上的推銷而實現其自身的價格與他人的貨幣之使用價值，而在G—W之運動中則由其作為交換價值的推銷，以實現其自身的使用價值與他人的商品之價格。商品若由其價格之實現同時使黃金轉化爲實際的貨幣，則由其逆轉使黃金轉化爲商品自身之僅是一時的貨幣存在。因爲商品流通是以發達的分工爲前提，卽是以對於個人底生產品之單面性成反比例的個人底慾望之多面性爲前提，所以購買之 G—W，時而是表現着與一種的商品等價物相等，時而又分解爲一列底商品等價物，現在是由買主底慾望範圍與其現款之多少而限制着的——販賣旣同時是購買，購買亦同時是販賣，G—W同時是W—G，但是在這兒的開端是屬於黃金或買主的。

現在我們請轉問到全流通過程之W—G—W，在此中一種商品通過其各種蛻變之全列是很顯然的。但同時在該商品開始流通之前半而完成其第一次的蛻變時，有第二種的商品出現於流通之後半，完成其第二次的蛻變，而脫出流通過程之外，反之如第一種商品走入流通過程之後半而完成其第二次的蛻變而脫出流通過程時，則有第三種商品出現於流通過程，經過其過程之前半而完成其第一次的蛻變。所以全流通之 W—G—W在作爲一種商品之全蛻變上總同時是第二種商品底全蛻變之完結與第三種商品底全蛻變之開端，是這樣無始無終之一系列。爲要表明商品們之有區別，我們可以把兩端之W用不同的符號表示，例如表示爲W'—G—W"。實際上第一段之W'—G是把G作爲別一種W—G之結果而假設着的，所以那本來只是W—G—W'之最後一段，而第二段之G—W"在其結果上是W"—G。所以那本是表現着W"—G—W'''之第一段，以下類推。更進，最後一段之G—W，雖然G只是一項販賣之結果，是可以表示爲G—W'十G—W"十G—W'''十etc.，也就可以分解爲購買之一大批，卽是販賣之一大批，商品們新的全蛻變第一段之一大批。就這樣假如一種單獨的商品之全蛻變不僅是表現爲一項無始無終的蛻變連鎖之一環，而且是表現爲更多的這種連鎖之一環，則商品世界之流通過程，在各個商品通過W—G—W之流通時，是表現爲這種在無限不同的基點上時常終結着又時常更始着的運動之一個錯綜無窮的連鎖混團。但是每一種單獨的販賣或購買，同時是一種無可無不可的孤立的行爲，其補助的行爲於時間地空間地都可以和它分離，因而是無需乎作爲繼續而與之連接。因爲每一種特殊的流通過程W—G或G—W作爲一種商品向使用價值之轉化與別種商品向貨幣之轉化，卽是作爲流通之第一與第二的階段，向着兩方面形成一個獨立的靜止點，但在另一方面，一切商品在一般的等價物黃金之共通於它們的姿態中開始着它們的第二次蛻變，而立在流通後半之出發點上，所以在現實的流通中一種任意的G—W是連接着一種任意的W—G，一種商品之行狀中的第二章連接着別種商品之行狀中的第一章。例如A某賣鐵得金2鎊，那是完成了W—G或商品鐵之第一次蛻變，但把購買拖延到日後。在14日前賣了2卡特小麥得金6鎊的B某，以這6鎊金同時買了摩慈斯父子公司底上衣與褲，那是完成了G—W或商品小麥之第二次蛻變。這兩種行為G—W與W—G在這兒只顯示為一個連鎖之二環，因為在G中卽在黃金中甲種商品與乙種商品看來是一樣，它是蛻變了的鐵還是蛻變的小麥，在黃金中不能再認出。就那樣實際的流通過程中，W—G—W是種種不同的全蛻變之縱橫無盡偶然萬分的錯綜的連環。所以實際的流通過程不是作為商品之全蛻變，不是作為通過種種對立的相位的商品之運動，而是作為多數偶然並行着或連續着的購買與販賣之單純的集合而顯示着的。過程之定形就是這樣消失了，而且每個單獨的流通過程，例如販賣，同時是它的反對，購買，又如購買同時是販賣，在那時消失得更要完全。在另一方面，流通過程是商品世界之蛻變運動，因而也不能不把商品世界之種種蛻變反映在自己的全運動裏面。它怎樣地反映它們，我們留在下一節去考察。在這兒還須得注意到這一點，便是在W—G—W中兩極端之W對於G之關係形態不是同一的。第一的W是作為特殊的商品與作為一般的商品之貨幣發生關係，而作為一般的商品之貨幣却是與作為單獨的商品之第二的W發生關係。W—G—W所以能

資本一般

夠抽象地邏輯地還元爲三段論式之 B — A — E，在此中特稱(besonderheit)是形成着第一極，全稱(allgemeinheit)是連結的中介，個稱(einzelheit)是第二極。

商品所有者們簡單地是以商品保管者之資格而入於流通過程中。在這過程中彼等是以買主與賣主之對立的形態而對立着，甲是人格化了的糖塊，乙是人格化了的黃金。賣主之成爲買主，恰如糖塊之成爲黃金。這種注定的社會的性質就這樣決不是迸出自人的個性一般，反是迸出自在商品之特定形態中產生其生產品的人們之交換關係。那也不是在買主與賣主之中所表示着的純個人的關係，買主與賣主只在其個人的勞動消滅，卽是作爲非個人之勞動而成爲黃金的範圍內，才進入於這種關係的。所以把買主與賣主之這種經濟上之有產社會的性質作爲人類個性之永恆的社會的形態去把握，那是未免低能，其作爲個性之揚棄而慨嘆者亦是同樣的顚悖。[1] 那樣的一些性質是根基在社會的生產過程

(1) 單是在買賣中所表示着的這種對蹠性之極度相的形態，便怎樣深切地傷害了美的靈魂，下面由JsaakPereire氏著的"論產業與財政"（巴黎1832年）中所引用的文句是明示着的。這位Jsaak氏是"動產銀行"之創立者與總裁，是有名的巴黎交易所之豺狼，這同時表明着他對於經濟學何以有一種感傷的批評。Pereire 氏在那時是聖西門之信徒，他說："自從個人們在他們的勞動中與同消費中，是彼此孤立

之一定的階段上的個性之必然的表示。加之在買主與賣主之對立中,有產者的生產之對立的性質還表現得十分淺薄,十分皮相,在這樣的程度這種對立還是屬於前資本制度的社會形態,因爲那所要求的只是個人們彼此以商品所有者之資格相互發生關係而已。

我們現在來考察W—G—W之結果,那是歸結在W—W之實料交易。商品是對於商品,使用價值對於使用價值交換了,商品之貨幣轉化,卽是作爲貨幣的商品,只是在媒介着這種實料交易上發生作用。所以貨幣是顯示爲商品們之純粹的交換工具,但不是作爲一般的交換工具,是由流通過程所特徵化了的交換工具,卽是流通工具。1

  而離索的,所以他們彼此的產業之生產品在他們之間便生出交易。由交易之必要發生出決定物品們底相對的值價之必要。價值和交易底這些觀念們就這樣是密切地關聯着的,兩者在它們現實的形態中表現着個性與對蹠性。……生產品底價值之決定只是因爲有販賣與購買才出現的,換句話說,是因爲有對蹠性在社會之不同的成員們之間存在。只有在有販賣與購買的地方,那是說,每個人不能不去爭求那在維持自己的生存上所必要的物品的地方,人們才不能不兢兢於價格與價[值]。"(前書第2,3頁)

(1) "貨幣不過是方便與手段,而於生活有用之物品則是究竟與目的。" Boisguillebert:"法蘭西評論",1697年,收在Eugene Daires之"十由於商品之流通過程歸結於W—W，因而表現着只是由貨幣所媒介着的交易，卽是由於一般的W—G—W，不僅分解爲兩種孤立的過程，並且同時表現着它們的動態的統一，要想生出這樣的結論，以爲購買與販賣之間只有統一存在而無分裂，那是一種思索形式，對於它的批評是屬於邏輯而不屬於經濟學。購買與販賣的交換過程中之分裂，突破了社會的質料交易之地方原生的，傳統敬虔的，嬌稚的制限，而同時又是這社會的質料交易中諸要素之割裂及其對立之一般形態，簡言之，商業恐慌之一般的可能性，却只是因爲商品與貨幣之對立是在資本社會的勞動中所含有的一切對立之抽象的一般的形態。所以無恐慌可以有貨幣流通存在，而無貨幣流通則恐慌不能存在。但這只是說，根基於私人交換的勞動還不曾進行到貨幣形成的時候，在那時不消說還不能有須以有產社會的生產過程之完全的發展爲前提的諸種現象。所以我們可以測量到一種批評之深度，那種批評想由貴金屬底"特權"之廢棄，與由所謂"合理的貨幣制度"而欲祛除資產社會的生產之"缺陷"。在另一方面可以引用一節文字來作經濟學者的護法論之模範，這一節文字是被稱爲犀利絕倫的。有名的英國經濟學家約翰・司徒瓦特・彌爾之父，吉姆斯・彌爾（James Mill）云："無論任何商品都是決

八世紀之財政經濟學者"，第一卷，巴黎1843年，第210頁。

不會缺乏買主的。凡是提出一種商品來販賣的人，總是要在交換上想得到一種商品，因而他是買主，就因爲他是賣主的原故。所以如把一切商品之買主與賣主綜合起來，出於一種形而上學的必要那是非保持着平衡不可的。所以假如有一種商品之賣主比買主更多，那必然有另一種商品之賣主比買主更多。"[1] 彌爾把流通過程轉化爲直接的現物交易，但把由流通過程所借用來的買主與賣主之人物又祕密輸入於直接的現物交易，就這樣他算把平衡回復起來了。用他那混亂的語法來說，會有這樣的時期，一切的商品都不能賣，例如1857—58年商業恐慌之某一段時期中，在倫敦與漢堡，實

(1) 1807年十一月 William Spence 有一本小册子出現在英國，題名："不靠商業之英國"，該書之主旨 William Cobbet 在所著"政治論"中在猛烈的題名"剷除商業"之下更加詳述了出來。和這對抗着在1808年 James Mill 公開了他的"商業之防衛"，在那裏面本書中從他的"經濟學原論"中所借用來的文句已經存在。J. B. Say 在和 Sismondi 與 Malthus 關於商業恐慌之辯論中，他把這項高妙的着想據爲了己有，因爲要說這滑稽的"科學王子"於經濟學上增添了怎樣新穎的妙悟，那是不可能的——他的功績倒是成立在那種的公平無私，他把他的同時代人 Malthus, Sismondi 和 Ricardo 一樣的誤解了——所以他的大陸方面的讚仰者便爲他大吹特吹，說他是那項寶貝，購買與販賣之形而上學的均衡，之發掘者。

際上是某一種的商品卽貨幣之買主多於賣主，而一切其它的貨幣卽商品們則賣主多於買主。購買與販賣之形而上學的均衡是限制在一切購買均是販賣，一切販賣均是購買的這一點上面，這對於商品所有者是無關痛癢，他們不會拿去賣，也不會走來買。[1]

販賣與購買之分離使商品生產者與商品消費者間在其一定的交換之前，與本義的買賣並行，可以有無數假像的交易行動。就那樣可以使無數的寄生蟲竄入生產過程中而以

(1) 經濟學者們所於以表述着商品之種種不同的形態的態度，請看下舉諸例自明：

"有貨幣在手裏，我們想要得到慾望之目的物，只消有一次之交換而足；有的是別種剩餘生產品時則需要兩次，其中之第一次（獲得貨幣）比第二次更要困難"。George Opdyke:"論經濟學"，紐約1851年，第277—278頁.

"貨幣之優越的可推銷性是商品們之較劣的可推銷性之正確的成效或自然的結果"。(Thomas Corbet: "關於個人們底財富之原因與形態之研究……"，倫敦1841年，第117頁。) "貨幣有對於它所測量之物品隨時可以交易的性質。"Bosanquet: "金屬，紙幣，信用通貨等等"，倫敦1842年，第100頁.

"貨幣可以隨時買換別的商品們，而別的商品們則不能隨時買換貨幣。"Thomas Jooke:"通貨原理論……"第二版，倫敦1844年，第10頁.

這分離自肥。但這個意義又只是在說,伴隨着這作為資本制度下的勞動之一般的形態之貨幣,資本制度中種種矛盾之發展之可能性是注定着的。

b. 貨幣之循環

實際上的流通在第一眼上是表示為無數偶然並起的購買與販賣。賣主在商品一面,買主在貨幣一面,在購買與同在販賣中,商品與貨幣始終是在這樣的關係中對立着的。作為流通工具的貨幣所以始終是顯示為購買工具,因此貨幣在商品蛻變之對立的相位中,所有的種種不同的意義便含混了起來。

在商品於以移入於買主手中的行為之中,貨幣是於以移入於賣主手裏。就這樣商品與貨幣跑着相反對的方向,這種的位置轉換,商品走到一邊,貨幣走到另一邊的,在有產者的社會之全面上在無窮數的地點同時舉行着。但是商品在流通中所走的第一步,同時是它的最後一步。[1] 是因黃金為它吸引(W—G),或因它為黃金吸引(G—W),它退出自己的位置,只消這一退,只銷這一位置轉換,它便由流通之中

(1) 同一的商品能夠不僅一次的買了又賣。在那時它不是作為單純的商品而流通,而是在一種限定中流通,該項限定在單純流通,單純的商品與貨幣底對立之立場上,是不存在的。

資　本　一　般　　　　105

變了的商品之運動是黃金之運動。在 W—G 之行為中與一種商品曾轉換過一次位置的那同一片的貨幣或同一的金個體，掉過來又顯示為 G—W 之出發點，就這樣又和別的一種商品掉換第二次的位置。就給從買主 B 之手中走進賣手 A 之手中一樣，現在是由成為了買主的 A 之手中走進 C 之手中。一種商品之形態運動，商品向貨幣之轉化，商品由貨幣之囘頭，卽是商品之全蛻變運動，就這樣是表示為同一片貨幣與兩種不同的商品掉換過兩次位置者底外部的運動。購買與販賣是這樣零碎地偶然地並起着，在實際上的流通中一位賣主總常是和一位買主對立着的，移動到賣了的商品之位置上的貨幣，在其來到買主手中之前，必早已有一次是和別的一種商品掉換過位置的。在另一方面，那早遲是又要從成為了買主的賣主手中移到新的賣主手中，在這種位置轉換之常常的返復中那表現着商品蛻變之連鎖。就這樣同是幾片貨幣在相反的方向向着受動的商品移動，有的頗頻繁，有的又稍遲緩，由流通中之甲位移到乙位，因而是畫着一條或長或短的流通曲線。這種同片貨幣之種種不同的運動只能夠在時間上前後繼起，與那商品與貨幣之同時的，在墮入消費裏面。流通是商品之不斷的運動，但是總是不同的商品，每種商品只運動一囘。每種商品不是以同一的商品開始其流通之後半，而是以別種的商品，以黃金。就這樣蛻

105

空間上並起着的，僅僅一次的位置轉換中，購買與販賣之多數與零碎，是完全相反。

商品流通 W—G—W 在單純的形態中，是成行於貨幣之由買主手中向賣主手中之轉移，與由成爲了買主的賣主手中又向新的賣主手中之轉移。商品之蛻變即於此終結，貨幣之運動亦隨之而終結，只要該運動是在蛻變之表現的範圍以內。但因作爲商品的新的使用價值總當得時常產生着，因而是時常更新地被投入於流通之中，由同一商品所有者底方面 W—G—W 是返復着更新着的。商品所有者們以買主資格而付出的貨幣，在他們一重新現爲的商品之賣主時，又立地囘到他們手裏。這商品流通之不斷的更新是反映在這裏面的，便是貨幣不僅不斷地在有產者的社會之全面上由甲手移到乙手，而且同時描畫着無數不同的小循環，爲要重新返復着這同一的運動，由無限不同的基點出發，又向着這無限不同的基點囘來。

假如商品之形態轉換是顯示爲貨幣之純粹的位置轉換，流通運動之連續性是完全落在貨幣方面，因爲商品向着和貨幣相反對的方向總只走得第一步，貨幣却總爲商品走進第二步，商品在說 A 時，貨幣在說 B，則全部的運動就好像是由貨幣出發，雖然商品在販賣時是把貨幣引出它的地位，卽是貨幣在由商品而流通，也就如商品在購買中是由貨幣而流通的一樣。加之因爲貨幣對於商品在作爲購買工具的這種關係上常常是對立着的，但在這種關係上商品只是由於自己的價值之實現而流動着,所以流通之全運動就像是，貨幣與商品們交換位置，因爲貨幣實現商品們之價格，或者是在同時並進的特殊的種種流通行爲中，或者是繼起的，在這時同一的貨幣片挨次地實現着種種不同的商品價格。我們試把 W—G—W'—G—W''—G—W''' 等等來考察,在實際上的流通過程中有礙難識別的種種質上的要因我們且置之度外,那樣便只是表示着一種同樣的單調的舉動。在 W 之價格實現了後，G 便挨次地實現着 W'—W'' 等等之價格，商品 W'—W''—W''' 等等始終是出現在貨幣所離去了的地方。就這樣貨幣顯然在流通着商品，因爲它實現它們的價格。在這種價值實現之機能中，貨幣本身也不斷的在流通着,因爲它時而只是轉換地位,時而畫着流通曲線,時而畫一個小圓,在那兒出發點與回歸點一致。在作爲流通工具上貨幣有它自己的流通。過程中的商品之形態移動所以是顯示爲媒介着本來不動的商品們之交換的貨幣固有的運動。商品流通過程之運動就這樣是表現在作爲流通工具的黃金之運動中——在貨幣循環中。

商品所有者們是把他們的生產品作爲社會的勞動之生產品而表示着,因爲他們把一種物品,黃金,轉化爲一般的勞動時間之直接的存在，因而是轉化爲貨幣，同樣他們自己的全面的活動，他們由之而媒介着他們的種種勞動之有無相易的，現在是成爲某一種物品之獨特的運動，成爲黃金之循環，和他們對立。社會的運行本身對於商品所有者們一方面是外在的必然，另一方面是純形式的媒介的過程，使每一個人對於自己所投進流通中的使用價值，能夠從流通中把價值相等的別的使用價值引導出來。商品之使用價值與商品之脫出流通界同時開始，而貨幣作爲流通工具的使用價值就是它的能夠循環。在流通中的商品之運動只是一瞬的現象，而流通中之不息的輪迴却成爲貨幣之機能。貨幣在流通過程中這種獨特的機能對於作爲流通工具的貨幣，給與以新的定形，這在目前當得更詳細地推闡。

貨幣循環是一種極零散的運動，這是最明瞭的，因爲在購買與販賣中的流通過程之無限的零散與商品蛻變之相輔相成的諸相位之無可無不可的雜出，是反映在這裏面。在出發點與回歸點合致着的貨幣之小循環中，雖然有回歸曲線的運動，即實際上的循環運動，表示着，但在那兒有無數的出發點與商品之數目相等，這些循環就因爲有那樣無限的多數已經是溢出了一切的統制，測量和計算之外。出發與回歸到出發點間的時間同樣是不能確定的。而這樣的一種循環在所與的一例中究竟能否成行，也是無可無不可。一人能以一手支出貨幣而不必能以它手收回,這在經濟情形上是再周知也不過的事實。貨幣從無限不同的基點出發,但是出發點與回歸點之合致却是偶然,因爲在運動 W—G—W 中買主之復轉化爲賣主不是必然的條件。但由中心向圓周之一切基點之輻射,又由圓周之一切基點向同一的中心之集中的那種運動,貨幣循環是更少呈出的。所謂貨幣之循環,作爲一個圖形而想像着的,不外是在一切的基點上有貨幣之出現與消失,有貨幣之不息的位置轉換可以看取。在一種貨幣流通之更高級的間接的形態中,例如銀行紙幣之流通,我們可以看出貨幣發行之諸條件是包含着貨幣流回之諸條件。同一的買主成爲賣主,這對於單純的貨幣流通却是偶然的事。凡是實際上的諸循環不斷地表示着的地方,那些循環是更深一層的生產過程們之單純的反映。例如工場主在禮拜五從他的銀行裏取出錢來,在禮拜六支付給他的工人們,工人們又立卽支付其大部分於小販及其它,而小販們在禮拜一又帶回銀行存寄。

我們已經知道,貨幣在空間上無數並起着的購買與販賣之中同時現實着一定數的種種價格,而只和商品們掉換位置一次。但在另一方面,只要商品全蛻變之運動與此等蛻變之連鎖是顯現在貨幣運動裏面時,同一的貨幣片實現着種種不同的商品之價格,而營行着多多少少的循環。我們試把一定時限內，例如一日之內的某國底流通過程取來考察，則在價格的實現上因而是在商品之流通上所消費的金額是由兩重的因數所決定，一方面是由價格之總額，另一方面是由同一金片們之循環底平均次數。而循環次數或貨幣循環之速度則又由商品們於以通過其蛻變之種種不同的相位的平均速度，這些蛻變們於以繼續成為連鎖的平均速度，又已經通過了種種蛻變之後的商品們在交換過程中由新的商品們於以替代着的平均速度而定，或則只是表現着這種平均速度。在價格賦與中，一般的商品們之交換價值，觀念地轉化為同價值量之金額，又在兩種孤立的流通行為G—W及W—G中，這同一的價值額是雙重地存在着，一方面存在於商品，另一方面存在於黃金，然而作為流通工具的黃金之存在不是由它對於單獨的靜止者的商品們所有的孤立的關係而決定，是由過程着的商品世界中它的被移動着的存在而決定；是由在它的位置轉換中表現着商品們之形態轉換，即是由其位置轉換之速度表現着商品們形態轉換之速度的，它的機能而決定。黃金在流通過程中之實際的存在，即是說流通着的實際上的金額，就這樣是由它在總過程中發揮着機能的存在本身而決定。

貨幣流通之前提是商品流通，而且貨幣流通着賦有價格的商品們，即觀念地已經和一定的金額等置着的商品們。

就在商品們之價格決定中,作爲尺度單位效用着的金額之價值量即黃金之價值,是作爲旣定而前提着的。在這種前提之下,就這樣對於流通所需要的金量,第一是由行將實現的商品價值之總和所決定。但是這種總和本身是：1. 由商品們在黃金中評價着的交換價值之相對的高低,與2. 由多數依既定價格而流通着的商品,也就是由多數價格旣定的購買與販買而決定。[1]一卡特小麥如值60先令,要使小麥流通或實現其價格,則需要一卡特只值30先令時之兩倍多的黃金。欲流通值60先令者之500卡特,則需要值同價者250卡特之流通時兩倍多的黃金。最後如欲流通值100先令者之10卡特,則只需值50先令者40卡特之流通之半額。所以結果是,儘管價格增高,只要被流通着的商品數量之減少率比價格總額之增加率更大時,在流通中所費的金量可以減少,反之如被流通着的商品數量減少,但其價格總額却以更大的比率增加,則流通工具之數量可以增加。據完善的英國的精密

(1) 貨幣之數量是不成問題的,"只要充分地可以維持着現存的商品們的價格"。Boisguillebert,前書,第210頁。"假如四億鎊的商品之流通需要四千萬鎊金額,這十與一之比是適當的標準時,在那時假如流通着的商品們之價值以自然的原因增高到四億五千萬鎊,則金額爲保持着它的標準,必然會增加到四千五百萬。"W. Blake："由政府支出所生的諸結果之考察",倫敦1823年,第42頁。

調查，那表明着英國在凶歲之前半期流通着的貨幣數量增加了，因爲減少了的收成之價格總額比減少前的收成之價格總額更大，但同時其它的商品量之流通在短時期內却依着舊時的價格無礙地持續着。然在凶歲之後半期，流通着的貨幣額是減少了，因爲穀品之外的商品們依着舊價的很少賣出，也因爲有同量的商品們在減價販賣。

但是流通着的貨幣量，如我們所已考察過的一樣，不僅是由行將現實的商品價格之總和而定，且同時是由貨幣用以循環或在一定的期限中完成着這種現實之作用的速度而定。假如一個梭威侖在同一天行了十次購買，每次的商品價格是一梭威侖，自然也就是換了十次人手，那嗎此一梭威侖恰好和十梭威侖在一天流通過一次的是成就了同樣的作用。[1] 黃金之循環中的速度就這樣能夠補助它的數量，卽是黃金在流通過程中的存在不僅是由它在商品之外作爲等價物的存在而決定，而且是由它在商品蛻變運動內的存在而決定。不過貨幣循環之速度對於自己的數量只能補助到某一限度，因爲零散到無窮極的購買與販賣，在每一個所在與的時間內，是空間地並起着的。

流通着的商品們之總價格增高，但其比率比貨幣循環

(1) "使貨幣量之顯多顯少者，不是金屬之數量，乃是貨幣流通之速度。" Galiani, 前書第99頁。

之速度增加較小,則流通工具之總量是會減少的。反之如流通速度減少,其比率較流通着的商品量總價格之跌落更大,則流通工具之總量可以增加。流通工具量隨着一般跌落着的價格而增殖,流通工具量隨着一般增高着的價格而減少,這是在商品價格史中最常見的現象之一。但是在價格平準中激起增漲,在貨幣之循環速度之平準中激起更高的增漲的種種原因,以及激起其反對的運動之種種原因,是在單純流通底考察之外。這可以舉例來說明,例如在信用卓著的期中貨幣循環之速度增殖得比商品價格更快,而隨着信用之低減則商品價格跌落得比流通速度更慢。單純流通之表面的形式的性質是表示在下述的事實裏的,便是決定流通工具之次數的一切的要因,例如流通着的商品量,價格,價格之漲跌,同時的購買與販賣之次數,貨幣循環之速度,是依存於商品世界之蛻變過程,這蛻變過程又是依存於生產方法之總性質,人口之多少,城市與鄉之村關係,交通機關之發展,依存於分工之大小,信用等等,簡言之,即是依存於舉凡在單純的貨幣流通之外部,而只是反映於其中的各種情形。

流通速度如前提着,則流通工具之量就這樣是單簡地由商品價格而決定。便是非因貨幣流通得多或少,而價格遂有高低,實因價格之有高低,故所流通的貨幣遂有多或少。

這是最重要的經濟法則之一，在商品價格史中詳細地把這事情證明了的，恐怕是李嘉圖後的英國經濟學之唯一的貢獻。經驗如在告訴我們，凡金屬的流通之水準或在某一國度內流通着的金銀之總量，雖然是有一時的干潮與滿潮，而有時其干滿且甚劇烈，[1]但在較長的期限中全體上是並無變更，只有平均水準之動搖以微弱的波紋而繼續着，那嗎這種現象是簡單地表明於決定流通着的貨幣量的種種情形之對立的性質。這些情形所同時起的變化把它們的作用中和起來，而使一切都依舊如故。

在貨幣之循環速度旣定，商品之價格總額旣定時，流通着的媒質之量是一定的，這種法則也可以表示如次，便是

(1) 金屬的流通之低落到平均水準以下者，1858年在英國曾有一例，我們請看下面由"倫敦經濟家"所引出的一節："由事理之性質上(卽是由單純流通之零散的性質)，在市場中乃至在銀行家以外的諸階級人等之手中所浮汎着的現金之總額，很正確的材料是不能得到的。但是大商業國家們之各造幣廠之活動或不活動，在現金額之變動中恐怕是最近似的指標之一。需要多時則造幣多，需要少時則造幣少。……英國造幣廠所鑄造的硬幣，在1855年是9245000鎊，在1856年是6476000鎊，在1857年是5293855鎊，1858年中造幣廠幾乎沒有鑄造"。'經濟家'，1858年七月十日。但同時在銀行金庫中却寄存有將近有一千八百萬金鎊。

資 本 一 般

假如商品之交換價值與其蛻變之平均速度既定時,則流通着的黃金之量依存於其固有的價值。所以黃金之價值,即是在其生產上所需費的勞動時間,如有增或減,則商品價格成爲反比例地或漲或跌,在不變的循環速度上於同額的商品之流通所需要的黃金額之增多或減少與一般的漲跌相應。假如舊的價值標準由更值價的或更不值價的金屬所襲奪了時,也可以起同樣的變化。所以荷蘭因爲出於對國債債權者之娓婉的顧慮以及對加里佛尼亞與澳大利亞金礦發現之影響之恐怖,在以銀貨幣代替金貨幣時,欲流通同額的商品,比從前的金多要14倍至15倍的銀。

因爲流通着的金量之依存於商品價格之變化着的總額與依存于變化着的流通速度,所以結果是金屬的流通工具之量必能膨脹或收縮,簡言之卽與流通過程相應,黃金必時而是作爲流通工具出現於過程,時而又由過程離脫。流通過程本身如何地實現此等條件,我們將於隨後考察。

c. 鑄貨價值符號

黃金在它作爲流通工具的機能中受着一種固有的形式,便是鑄貨。那樣它的流通不至爲種種技術上的困難所防礙,應着計算貨幣之標準可以鑄造出來。金片,其印紋與字數表示着它們含有着在貨幣之計算名稱鎊・先令・便士等等中所觀念着的金之重量部分的,便是鑄貨。與鑄貨價格之決定一樣，貨幣鑄造之技術的事務是屬於國家。與作爲計算貨幣的一樣，作爲鑄貨的貨幣受着地方的及政治的性質，談着種種不同的國語，穿着種種不同的國服。貨幣作爲鑄貨在其中循環着的領域，因而是作爲國內的由一種社會團體之境線所範圍着的商品流通，與商品世界之一般的流通有別。

然而金塊與金元只是在其鑄貨名稱與重量名稱之差異而已。在重量名稱中之名稱差異，在現在是顯示爲姿態之單純的差異。金元能夠投在融爐中又轉化成無名目之金，也就如在反對一面金塊只消送到造幣廠去鑄成金元。這由一種姿態向它種姿態的轉化與逆轉是顯示爲純技術的手續。

對於22開金之100鎊或1200盎斯，我們由英國的造幣廠可以得4672$\frac{1}{2}$金鎊或梭威侖，我們把這些梭威侖放在稱盤底一邊，把100鎊金塊放在另一邊，那兩者是一樣的重量，這事是表示着梭威侖不外是以英國鑄貨價格中的這種名稱所表示着的金之分量，帶着有特獨的姿態和獨特的印記而已。這4672$\frac{1}{2}$個梭威侖金元由種種不同的基點投入流通，被那些基點把捉着在一日之內成就着一定數之循環，每個梭威侖循環之次數多少不等。假如每盎斯一日循環之平均數是十次，則1200盎斯金會實現着共計是12000盎斯卽46725個梭威侖之商品價值底總額。一盎斯金你可以任意的玩弄手法，然而決不會重到十盎斯。但在這兒的流通過程中實際上一盎斯是重到十盎斯的。在這流通過程中的鑄貨們之存在是等於它們含有的金量乘之以其循環次數。貨幣在作為有一定重量的個別的金片之實際的存在以外，就這樣還有一種由它的機能中所迸出的觀念的存在。但是一梭威侖儘可以循環一次或十次，在每一次的購買或販賣中它只是在發揮着一梭威侖底作用。那就好像一位將軍，在戰陣上一天正確地出現在十處不同的地點可以抵當得十位將軍的，但是出現在每個地點上的依然這一位將軍。在貨幣循環中由以速度補足數量而生出的這種流通工具之觀念化，只是流通過程中的鑄貨之機能的存在，但與每個金片之存在無關。

然而貨幣循環是外界的運動，梭威侖雖然不露色相，它是在混淆的社會中盤旋。在和一切種類的手掌，荷包，衣包，錢包，搭褳，口袋，寶匣，金櫃等的磨擦中，鑄貨磨損着它自己，在這兒損失了一個金原子，在那兒又損失一個，就這樣在渡世中磨來磨去把它內在的實質愈見的損失。它在被人使用着時，便在被人磨折。我們現在把一個梭威侖，趁它原來生長着的性質差不多還未傷損的的時候把握着罷。"一位麵包店主，今天才由銀行取來一個嶄新的梭威侖，明天便付給麵坊，他付的已不是那一個本來的（veritable）梭威侖；那比初到手時要輕一些[1]。" "由普通的不可避免的磨擦之單

(1) Dodd:"產業之奇異"，倫敦1854年。

純的作用之結果,在事理之性質上,鑄貨是一片二片的不能不時常輕減,這是明明白白的。無論在甚麼時候,在有一天想把輕減了的鑄貨完全從流通界排出,那是一種物理的不可能。[1]"據雅可布之推算,1809年在歐洲存在着的三億八千萬英鎊,在1829年,即是在二十年間,有一千九百萬英鎊由於磨擦之結果是完全銷滅了的[2]。就這樣商品是在它走進流通之第一步時即行脫離,而鑄貨則在走進流通之幾步後,表象着比它所有的實質更多的金額。鑄貨在不變的流通速度中循環得愈久,即是在同一的時限中它的流通愈活潑,那它作爲鑄貨上的存在愈見和它的金質或銀質的存在分離。所剩下的便是 Magni nominis umbra(偉大的虛名)。鑄貨之實體僅只是一種虛影。它在初是由流通過程而增重,現在是由流通過程而減輕,但在每一種單獨的購買或販賣中是繼續着以初出時的金量而效用着。梭威侖作爲假象的梭威侖,作爲假象的黃金,繼續着行使它的法定的金貨之機

(1) "一位銀行家之通貨問題觀",愛丁堡1845年,第69頁以下。"假使一個略經使用過的弈玖(ecu錢鈔)要比一個辦新的弈玖略略賤價地通用,則流通會不斷的受着障礙,沒有一次交錢是不會起糾葛的。"(G. Garnier,前書第壹卷,第24頁。)

(2) William Jacob: "關於貴金屬之生產與消費之研究",倫敦1891年,第二卷第二十六章。

資　本　一　般　119

能。別的物質由與外界的接觸失掉它們的觀念，而鑄貨則由於實踐而觀念化，化為它的金質或銀質的實體之純粹的假相。這第二次的，由流通過程本身所實現的金屬貨幣之觀念化，卽它的名義與其實質之分離，在極多樣的貨幣惡化中，是半由政府，半由私人投機者所搾取。由中世紀初頭至十八世紀之中葉的貨幣制度之全史，不外是這雙方的敵對的惡化史，顧斯拖迭(Custodi)之第四卷意大利經濟學家論集大部分就是在這個軸點上旋轉着的。

但是在其機能內部的黃金之假象的存在要和它實在的存在發生衝突。一個金元在循環中耗損得金質較多，別個金元較少，因而一個梭威侖現在在實際上是比別個梭威侖更值價。但是因為它們在作為鑄貨的機能的存在中是作為相等的，實重壹盎斯的梭威侖不外是假象上的壹盎斯的梭威侖，那嗎實重的梭威侖們在黑心的所有者之手中便會受外科手術，流通本身出於自然地在它們輕寵的弟兄身上所加被着的事情，現在是出於人工地在它們身上施行起來，它們會遭刮削，它們的過剩的金脂肪滾進熔爐。假如把4672壹個梭威侖放在一個秤盤上，平均地只有800盎斯重而無1900盎斯時，則帶到金市場上，會只能買得800盎斯金，卽金之市場價格高過了它的鑄貨價格。每個金元，儘管就是實重，在其鑄貨形態中都會比在金塊形態中的低賤。這實重的梭威侖便會逆轉為它的金塊形態，在此中是金多則價值亦多。這金質之輕減一襲擊着多數的梭威侖，使金之市場價格高漲過它的鑄貨價格，那嗎鑄貨之計算名稱會不變，但將表示着一種更少的金量。換言之，貨幣之標準當變更，黃金將應着這種新的標準而鑄造。黃金由它的作為流通工具的觀念化會反作用地把法律上所固定的諸關係，它在其中是價格之尺度的，改變起來。這同一的革命在一定的期間後又會返復，黃金在它作為價格標準的機能中，與同在作為流通工具的機能中，會經受着不斷的變化，由甲形態中之變化生出乙，又由乙形態中之變化生出甲。這是說明着在前所敍述過的那種現象，便是在一切近代民族之歷史中同一的貨幣名稱代表着不斷地減輕着的金量。在作為鑄貨的金與作為價格標準的金之間的矛盾成為作為鑄貨的金與作為一般的等價物，不僅是在一國境內，而且在世界市場上流通着的一般的等價物間的矛盾。在作為價格標準上金始終是十足，因為它只是作為觀念的金而效用着的。在孤立的行為 W—G 中作為等價物時，金由其活動的存在退囘靜止的存在，但是在作為鑄貨上它的本來的實質與它的機能生出不斷的衝突。金梭威侖之轉化為假象金是完全不能避免的，但在立法上想要阻礙假象金之固定於為鑄貨，實質之輕減是不得超過一定的限度的。例如依英國的法律是規定着，凡一梭威侖，如失掉0•747

格侖以上，便不再是法定的梭威侖。英格蘭銀行在1848年與1848年間曾經秤量過四千八百萬金梭威侖，用的是克東氏金衡，這種機器不僅能夠秤出兩個梭威侖間百分之一加侖底差異而且就如像有理性的生物一樣，把輕質的立卽拋上臺盤，在那兒陷入另外一種機器，以東洋式的暴虐把它腰斬。

但是金元在這些條件之下，假如它的循環不是限制在一定的流通範圍內，在該範圍內它是磨滅得較不迅速，那它一般地是不能流通。一個金幣實重只五分之一盎斯，而在流通中是作為四分之一盎斯通用時，那它在實際上是成為廿分之一盎斯金之純粹的符號或象徵，就這樣一切的金元由流通過程本身或多或少地轉化為其實質之純粹的符號或象徵。然物不能為自己的象徵。畫中的葡萄不是實際的葡萄之象徵，却是假象的葡萄。但一個輕質的梭威侖尤不能為實重的梭威侖之象徵，猶如一匹瘦馬不能象徵一匹肥馬。就那樣金是成為自己本身的象徵，而又不能適用於為自己本身的象徵，所以它在它最迅速地自行磨滅的流通圈中，卽是在購買與販賣極小規模地時常更新着的圈中，得着一種脫離了自己的金存在的，象徵的銀質或銅質的存在。在這個圈域之內，雖然不同是金片，但總有全部金貨幣之若干成分是作為鑄貨而流通着的。在這種成分中黃金由銀質的或銅質的符號而代替。就這樣在一國之中只有一種特殊的商品能夠有作爲價值尺度因而是作爲貨幣之機能，而在黃金之外却有種種不同的商品們可以作爲鑄貨使用。這種補助的流通工具,例如銀質的或銅質的實法,在流通之內代表金元之細分。故爾銀元與銅元本身之銀或銅之含量不是由銀與銅對於金之價值比例而定,是由國法所任意規定的。它們的發行只是依據着這樣的分量，在這種分量中由它們所代表着的金元之細分,或和高級的金元兌換,或去實現相應的小的商品價格,都須得常川的通行無礙。在商品之細小流通中銀元與銅元又算是屬於特殊的圈域內的。照事理之性質上, 它們的循環速度是與它們在每項單獨的購買與販賣所實現的價格成反比例。即是與它們所表象着明金元細分之大小成反比例。我們試想到像英國那樣一國中日常小買賣之莫大的範圍罷,那流通着的補助鑄貨之總量其所佔之比例,比較地無足輕重,正表示着它們的循環之迅速與常在。我們且由新近發行的國會報告書中舉例來看罷，1857年英國的金元總計鑄造了4859000鎊,銀元在名義價值上是733000鎊,金屬價值上是363000鎊。以1857年十二月31日爲止,其過去十年間所鑄造的金元之總額是55239000鎊,只有2434000鎊是銀元。銅元在1857年所統計的是只有名義上的價值6720鎊，所含銅價值是3492鎊,就中便士是3136鎊,半便士是2464鎊,法珍是1120鎊。在最近十年中所印的銅元之總價值是141477鎊名義價值，所含金屬價值73503鎊。如金元因金質耗損之法律的規定，受着限制不能固持着作爲貨幣之機能一樣，銀元與銅元也受着限制，不能由它們的流通圈域移入金元之流通圈域而固持其貨幣之位置，因爲它們在法律上所實現的價格限度是規定了的。例如在英國在支付上當得收受的，銅元只能用到6便士，銀元只能用到40先令。如銀元與銅元視其在流通圈域中所需要的更多量地發行時，商品價格不會由之而騰貴，這些法貨反是在小販手中堆積起來，結局是不能不把它們當成金屬去售賣。所以1798年由私人所發行的英國的銅元，總計有20350鎊堆積在小販手中，他們想要再流通出去的努力歸於無效，結局是不能不當成商品放到銅市上去投賣[1]。

在內地的流通之一定的圈域中代替着金元的銀元與銅元，有一種法定的銀量與銅量，但一爲流通所圍時則與金元同樣自行消磨，自行觀念化，與其循環之迅速與常在相應，更快地變成純粹的虛體。假如又要把這使銀元與銅元喪失其鑄貨性質的金量損失之界線劃出一條來，則銀元與銅元在其固有的流通領域之圈內又不得不要別種象徵的貨幣，例如鐵與鉛來代替，像這樣象徵的貨幣由別種象徵的貨幣

(1) David Buchanan: "關於斯密博士原富論中所述諸問題之種種考察"，愛丁堡1814年，第3頁。

來表章會是一種無窮際的過程。所以在流通發達的一切的國土中,貨幣循環之必要,必然地會使銀元與銅元之鑄貨性質與其金量損失之任何度量不生影響。照事理上看來,那顯然是它們之爲金元之象徵,不是因爲他們是由銀或銅所造的象徵,不是因爲它們有一種價值,而是因爲它們沒有包含價值。

　　比較無價值的東西,如像紙張,就這樣也可以使用爲金貨幣之象徵。補助貨幣之成立於銀銅等等之金屬徽識,大部分是因爲在許多的國土中賤價的金屬是作爲貨幣而流通着的,如銀之在英國,銅之在古代羅馬共和國,在瑞典,蘇格蘭等地,在流通過程把它們降級爲小錢,貴金屬起來代替了它們之前。此外如從金屬的流通中直接發生出的貨幣象徵在初也是一種金屬,這也是事理之自然。像作爲小錢始終不能不流通着的金之一部分是由金屬徽識所代替的一樣,在國內循環之圈域中作爲鑄貨始終被吸收着的,因而也就是始終不能不循着的 金之一部分可由不值價的徽識所代替。多數循環着的鑄貨決不沉落於其下的那種水平線,在各國都是由經驗上規定着的。在金屬鑄貨之名義內容與實質內容間的在初並不顯著的差異可以進展到絕對的區別。貨幣之鑄貨名稱和其實質脫離,在實質之外而存在於無價值的紙片。像商品之交換價值由其交換過程而結晶於金元一樣,金元在循環中昇華爲它自己的象徵，最初是在被磨滅了的金元形態中，其次是在金屬補助貨幣之形態中，最後是在無價値的徽識，紙張，純粹的價値符號之形態中。

然而金元是因爲不顧自己的金質損失而繼續着發揮其爲鑄貨之使用，所以才生出自己的替身者，初是用金屬，後是用紙。它不是因爲磨滅之故而流通，是因爲流通之故而磨滅成爲象徵。只有金元本身在過程之內成爲自己的價値之純粹的符號時，純粹的價値符號才能代替它。

凡在 W—G—W 運動是兩種直接銜連着的要因 W—G 與 G—W 之過程中的統一，卽是在商品通過其全蛻變之過程的範圍內，商品把自己的交換價値發展成爲價格，爲貨幣，爲要立地把這種形態拋棄，它又要成爲商品，實是成爲使用價値。所以商品是在向着它的交換價値之只是外觀上的獨立化而前進。在另一方面我們看見黃金在作爲鑄貨而作用着，卽是不斷地在循環中存在着的範圍內，它實際上只是表現着商品蛻變之連鎖與其只是暫時的貨幣存在，實現一種商品之價格只是爲要實現他種商品之價格，無論何處都不顯示爲交換價値之休止着的存在，卽不顯示爲本自靜止着的商品。商品之交換價値在這過程中所得到的，黃金在它的循環中所表現的實現性，只是電光石火之實現性。雖然本是現實的黃金，但只是作爲虛金使用，因而在這種機中能可以由它自己的符號來代替。

價值符號，例如紙張，其作爲鑄貨而作用者，是在其鑄貨名稱中所表現着的金量之符號，即是黃金符號。一定量之黃金獨自地不能表現出一種價值比例，代替着它的符號也是不能。只有在一定量之黃金在作爲對象化了的勞動時間有一種價值含量時，黃金符號是表章着價值的。但是由它所表章着的價值含量總是依存在由它所表章着的金量。價符號對於商品只是表章着商品價格之實現性，是 signum pretii（價值指標），是商品價值之符號，因爲商品價值是在其價格中表現着的。在過程 W—G—W 中，只要所表現的是只在過程着的兩種蛻變之統一或直接的相互轉化之範圍內——過程在價值符號作用着的流通圈域內是那樣把自己表現着的——商品之交換價值在價格中只有觀念的存在，在貨幣中只有表章的，象徵的存在。交換價值就那樣只是顯示爲想像的或即物觀念的價值，但除掉在有一定量的勞動時間於以實現着的商品中，它是沒有實在性。所以那就好像是，價值符號是直接地代表着商品之價值，因爲它不是作爲黃金之符號，却是作爲在價格中單只表現着，而在商品中却是現存着的交換價值而表示着的。這個外觀却是錯誤。價值符號直接地只是價格符號，即是黃金符號，要走一個轉路才是商品價值之符號。黃金不像培特・須勒彌一樣賣了自己的影子，它是用着它的影子在購買。所以價值符號只是在對於他種商品表示着一種商品之價格，卽是對於每個商品所有者表示着黃金的範圍內才生作用。某一種比較無價值的品物，例如一片皮革，一片紙張之類，早在習慣上成爲貨幣實質之符號，但它是只有在它的作爲象徵的存在爲商品所有者之一般的意見所公認的時候，卽是在它得到法律上因襲的存在因而是有强制通用力的時候，才得主張着有這樣的資格。有强制通用力的國家紙幣是價値符號之完成形態，是直接由金屬的流通或單純流通本身所生出的紙幣之唯一的形態。信用貨幣屬於一種高級的社會生產過程之圈域，是由完全不同的法則所支配着的。象徵的紙幣實際上和補助金屬鑄貨並無區別，只是在更廣泛的流通圈域中發生作用而已。假如價格標準卽鑄貨價格標準之純技術的展開時，與隨後使金塊化爲金元之外部的變形，已經喚起着國家之干預，國內的流通以之而顯然地與一般的商品流通分離，則此分離由鑄貨之發展爲價値符號而完成。貨幣在作爲純粹的流通工具上一般地只有在國內流通之圈域中才能獨立。

我們的敍述已經表示着，在作爲由金質本身脫離了的價値符號之金之鑄貨存在是由流通過程本身中生出，不是由磋商與國家之干預。俄國提供着價値符號之自然發生的成立之一個顯著的例證。在獸皮或毛貨在俄國作爲貨幣使用着的時候，在這易朽而無可挽救的物質與其作為流通工具之機能間的矛盾生出加有鈐記的小皮以為代替之習慣，這有印小皮就這樣成為可以兌換獸皮和毛貨的證券。後來在科貝革(Kopeke)底名目之下成為對於銀露布之細分底純粹記號，在地方上零碎地使用到1700年，在那時彼得大帝才下出命令把它們用國家所發行的小銅元來收囘去了 1。只看見金屬流通之現象的古代著作家們，把金鑄貨已經解釋成為象徵或價值符號。柏拉圖 2 與亞里士多德 3 都是這樣。在信用全不發達的國土，如像中國，在早已經便有強制

(1) Henry Storch: "經濟學敎程" 附 J. B. Say 注釋。巴黎1823年第四卷第179頁。Storch 在聖彼得堡用法文發表其著作。J. B. Say 立卽便在巴黎出版，附以"注釋"，實際上不外是一些通套語. Storch (參看他的"關於國民的收入之性質的考察"，巴黎1823年) 接受着這位"科學王子"對於他的著作之續紹，是並沒有表示謝意的.

(2) Plato: "共和國"第二卷，"交易之貨幣象徵。"全集本，G. Stallbumius版，倫敦1850年，第304頁。Plato把貨幣只是作為價值尺度與作為價值符號之兩層的意義而敍述着，但他除在國內流通通用着的價值符號之外，又要求着另外一種以應付希臘與外國之貿易 (參照其法律論第五編)。

(3) Aristoteles("尼科馬可時倫理學"第一卷，第五篇，第八章)"貨幣在使慾望滿足中由雙方合意成為交易之媒質，因此故有'法貨'之名，因

力的紙幣存在[1]。在初期的紙幣擁護者們,這在流通過程本身中所發生出的金屬鑄貨向價值符號之轉換也是明白地指示出了的。如片雅民·富蘭克林[2]與畢雪夫·白克萊[3],便是那樣。

其存在不仰於自然,乃仰於法律,改變之而廢棄之均在吾人勢力之內。"亞理士多德對於貨幣之見解比柏拉圖更加淵博。在下引一文中他把對於一種特殊的商品,卽本自極有價值之實質,賦與以貨幣性質之必要,怎樣由種種不同的共同團體間發生了出來,是敍述得很扼要的。"當乎一國之居民於他國之居民更加依存,兩者輸入其所需,輸出其所剩餘時,貨幣必然見諸應用,……由是兩者相約於彼此交易時應用某一物爲,於彼此均切用而於生活之目的易於適應者,例如鐵與銀之類是已。"(亞里士多德:"政治學",第一卷第一編第九章。)Michel Chevalier 把這一節文字引用來說是亞理士多德底見解是以爲流通工具是應該生成於本自極有價值的實體,這位先生實在沒有讀過亞理士多德,而且也沒讀懂。亞理士多德倒是明白地說過,作爲純粹的流通工具之貨幣,如其名稱之'法貨'所已表示者,又如在實際上其作爲鑄幣的使用價值只由其機能本身而得,並非出其本身所有的使用價值,顯然是只有因襲的或法定的存在。"他人有主持此說者曰,泉幣僅一假物耳,物非自然,僅由習慣,若無它種商品被使用者以之代易,於日常生活之目的並無何等價值或何等用途。"(前書第十一節。)

有好幾帙紙張可以切成小片作為貨幣流通呢？問題如這樣提出時是全無意義。無價值的符徵，只有在它在流通過程之內代表着黃金時，才是價值符號，也只有黃金作為鑄貨走進流通過程時，它才能代表黃金，商品之交換價值與其蛻

(1) Sir John Mandeville: "航海與旅行"，倫敦，1705年版，第105頁：'皇帝（乞塔或中國底）可任意發行多少而毫無預計。因彼除用皮或用紙之外，並不發行任何錢鈔，或鑄造任何錢鈔。泉幣用之過久必至消磨，人民則持至王庫以更換新幣。於是焉而流通於全國，流通於各行省……此國之人無所謂金錢亦無所謂銀錢"，Mandeville 以為 "是故王長者能任意濫發"。（譯者案：此文當出自傳聞，多與事實不符，惟用皮幣事則中國自古有之，漢武帝時猶用白鹿皮幣。）

(2) Benjamin Franklin: "關於美國紙幣之意見與事實"，1764年第348頁。"就在目前，英國之銀幣其價值之一部分都不能不仰諸法貨；那一部分便是實重與其名義上之差。現行通貨先令與六便士之大部分由耗損而減輕至百分之五，百分之十，百分之二十，有的六便士貨更減輕至百分之五十。對這實實與名義間之差異你是找不出任何切實的價值的；就連紙價也沒有，完全是如同無物。那就是所謂法貨，有此智識那可容易作為同等之價值而通用，可以使值三便士之銀通用為六便士。"

(3) Berkeley, 見前："金屬之肉質全體消磨後，鑄貨之名義空存，然而商業之流通不仍依然如故乎？"

變之速度如是既定，則此黃金流入流通過程之量由其本身的價值而定。5金鎊名義之紙券比1金鎊名義之紙券流通次數只有五分之一，假如全數換算成先令紙券，則先令紙券比一鎊紙券要多流通二十倍。假如金元由種種名義之紙券來代替，例如5鎊券，1鎊券，10先令券，則這種種不同類的價值符號之量不只由全流通上所需要之金量，且由每種不同類者之流通範圍所需要之金量而定。假定一千四百萬金鎊（這是英國銀行條例之規定，但非為鑄貨而設，乃為信用貨幣而設）是一國之流通決不降低於其下之水標，則有每張當1鎊的一千四百萬紙券，可以流通。因其生產上所需費的勞動時間有跌有漲，金之價值因而跌落或騰漲時，同一的商品量之交換價值如不變則流通着的鎊券之數與黃金之價值變換成反例地而增減。假如作為價值標準之黃金由銀而代替，銀與金之價值比例為1:15，而每張紙券今後將代表着與以前所代表的金量相同的銀量，則鎊券之流通今後非一千四百萬，必為二萬一千萬。紙券之量就這樣是由它在流通中所代表着的金幣之量而定，因為要它在代替着金幣的範圍內才是價值符號，所以它的價值簡單地由自己的數量而決定。就這樣流通着的金之數量依存於商品價格，而流通着的紙券價值却專依存在自己的數量上。

發行有強制力的紙幣——我們所論的只是這種的紙幣

——之國家干預,看來是破除了經濟的法則。在鑄貨價格中對於一定的金之重量只賦與以一種洗禮名的,在鑄造中只把自己的鈐記印在金上的國家,現在看來是由它的鈐記之魔力把紙張轉變成爲了黃金。因爲紙券有強制力,所以國家要任意地通行若干數之紙幣,要任意印上種種鑄貨名稱如1鎊・5鎊・20先令之類,是誰也不能阻礙。一旦在流通中已經存在着的紙券便不能夠動移,因爲國境限制着它的流出,又因爲它一落到流通之外便要失掉一切的價值,使用價值與同交換價值。那樣便與其機能的存在分離,轉化成爲無價值的紙片。然而這種國家權力是純粹的虛像。它儘可以發行任意數量的紙券印以任意的鑄貨名稱,但它一取着這樣的手續則同時失掉它的統治。在流通範圍內,價值符號或紙幣是委身於自己的內在的法則。

假如一千四百萬金鎊是商品流通上所需要的金額,國家印行一鎊券二萬一千萬張投在流通界中,則這二萬一千萬會轉化成爲金總額一千四百萬鎊之代替物。這樣便好像國家所發行的鎊券是比前少十五倍的金屬之代表物或小十五倍的黃金重分之代表物。除掉價格標準之命名以外完全沒有變更,那命名之變更或者是直接地起於鑄貨標準之變更,或者是間接地起於紙券爲適應於新的低的標準所需要的數目之增加,但不消說都是因襲的。因爲鎊之名稱現在指示着小十五倍的金量，一切商品價格會增高十五倍，這樣便完全如在前需要一千二百萬鎊一樣，現在是需要二萬一千萬鎊券。在價值符號之總額增加了的同數的比例中，每個所代表的金量會自行減少。價格之增高只是強制地使價值符號與所代替着而流通的金量相等的流通過程之反動。

在英國與法國政府之貨幣惡造史中我們屢屢看見價格不依銀元惡造之比例而騰貴。簡單地是因為鑄貨增多之比例不與鑄貨惡化之比例相應，即是因為銀質成分雖減而發行數量不曾加多，所以商品之交換價值今後須以作為價值尺度的新幣而被評價，以相當於此較低的尺度單度之鑄貨而被實現。這把洛克與勞德斯之論爭中所留下未能解決的困難解釋了。價值符號不管是紙或是惡化的金與銀，準依着鑄貨價格所於以代替着金與銀之計算重量的比例，是不依存於它自己的物質，而依存於它在流通中所存在着的數量。這種關係之不容易了解處，是由於貨幣在作為價值尺度與作為流通工具的兩種機能中不僅是相反，而且是支配於對於這兩種機能之對立顯然是矛盾着的各種法則。在其作為價值尺度之機能上，黃金只是作為計算貨幣而効用，黃金只是作為觀念上的黃金，這一切是和自然的物質相關。交換價值之評價於銀或表示為銀價格，自然與其評價於金或表示為金價格者完全不同。在其作為流通工具之機能中則反是，在這兒黃金不僅只是表象的，而且是與他種商品並存的一種實際的品物，它的物質是無可無不可，而它的數量則是一切之所攸關。在尺度單位上，主要的是要問它是一鎊金，一鎊銀，或一鎊銅；而在鑄貨在使這些尺度單位之每一種得到相應的實現上則只看數目，而不管它們的原質，但這是和常識相反的，在只是想像的時候一切須問其原質，而在具體地存在着的鑄貨時則一切只依存於一種觀念的數字關係。

商品價格之漲跌伴隨着紙幣數量之增減——這紙幣之增減是紙幣形成為唯一的流通工具時的——就這樣不外是由外部機械地受了傷的法則通過流通過程所強制地作用着的效能，所謂法則者即是流通着的金量是由商品價格而定，流通着的價值符號量是由在流通中彼所代替着的金鑄貨之量而定。所以在另一方面，無論任何數量之紙券可被吸收於流通過程而同被消化，因爲價值符號，任它頂戴着何種金之徽號而走進流通過程，它在流通過程中是被壓縮為在它地位上所流通着的金量之符號。

在價值符號之流通中，一切實際的貨幣流通之法則顯然是相反而倒立着。金在流通，因爲金有價值，而紙張之有價值，則因爲它在流通。商品之交換價值既定時，流通着的金量依存於它本身的價值，而紙之價值則依存於它所流通的數量。流通着的金量隨伴着商品價格之漲跌而漲跌，而商品

資　本　一　般

價格之漲跌則顯然隨伴着流通着的紙量中之變化。商品流通只能吸收一定量之金貨，因而流通着的貨幣之交換的收縮與膨脹表示爲必然的法則，而紙幣則無論如何膨脹都可入於流通。國家惡鑄金元與銀元，卽使於正規含量之下僅少付百分之一加侖，其作爲流通工具之機能必因而受害，而國家却在發行着並無金屬含量僅有鑄貨名號的毫無價值的紙張而是完成着一種極正當的任務，金鑄貨顯然只有在商品價値自行評價於金或表示爲金價格時，才代表着商品之價値，而價値符號則直接地代表着商品之價値。這正可以說明，單就有強制力的紙幣之流通以硏究貨幣流通之現象的觀察者們，何以把這貨幣流通中一切內存的法則總要認錯。實際上這些法則在價値符號之流通中不僅是顯得相反，而且是遭了抹殺的，因爲紙幣如以正規之量而發行則所完成的種種運動不是它作爲價値符號上所固有，而它的固有的運動却不是直接地由商品之蛻變而發生，是由它對於黃金的正當的比例之破除而發生的。

3. 貨　幣

　　與鑄貨有區別之貨幣，卽 W—G—W 形態中的流通過程之成果，形成 G—W—G 形態的流通過程之出發點，G—

W—G 卽是說爲要以商品對貨幣作交換，而以貨幣對商品交換。在 W—G—W 形態中商品形成運動之起點與終點，在 G—W—G 形態中貨幣形成運動之起點與終點。在第一的形態中貨幣媒介着商品交換，在第二的形態中商品媒介着貨幣之成爲貨幣。在第一形態中是純粹的工具之貨幣，在第二形態中顯示爲流通之終結目的，而在第一形態中是終結目的的商品，在第二形態中却顯示爲純粹的工具。因爲貨幣本身已經是流通 W—G—W 之成果，在形態 G—W—G 中流通之成果同時又顯示爲出發點。在 W—G—W 中是質料交易，而由第一過程所發生的商品之形態本身形成第二過程 G—W—G 之現實的內容。

在形態 W—G—W 中兩端之商品是同等的價値量，但同時是異質的使用價値。它們的交換 W—W 是現實的質料交易。在形態 G—W—G 中則兩端是黃金而同時是同一價値量的黃金。爲欲以商品對黃金作交換，乃以黃金對商品作交換，或則我們如考察其成果 G—G 時，則爲黃金對黃金之交換，似覺毫無意義。但如我們把 G—W—G 譯成一個公式，曰爲販賣而購買，這不外是說，通過一種媒介的運動使黃金與黃金交換，則我們立卽認出有產者的生產之主要的形態。但在實際上並不是爲販賣而購買，而是爲要高價的販賣而便宜的購買。貨幣對商品之交換，是爲的以同一的商品再對更多量的貨幣而交換，那樣，所以兩端之G，G，雖不是質上不同，而是量上不同。這樣的一種量的差異以不等價物之交換爲前提，而這樣的商品與貨幣只是商品本身之對立的形態，即是同一價值量之相異的存在方式。循環G—W—G就這樣在貨幣與商品底形態之下藏着更發展了一層的生產諸關係，在單純流通之內只是一種更高級的運動之反射。所以我們不得不把有異於流通工具之貨幣，由商品流通之直接的形態W—G—W發展出來。

黃金，即是作爲價值尺度與作爲流通工具而效用着的特殊的商品，無須乎社會之更進的助力遂成爲貨幣。在英國，銀不是價值尺度，也不是主要的流通工具的地方，銀沒成爲貨幣，金在荷蘭恰好和這一樣，待金一被剝奪其爲價值尺度，便立地中止其爲貨幣了。所以一種商品要在作爲價值尺度與流通工具上才成爲貨幣，即是價值尺度與流通工具之統一便是貨幣。但在作爲這樣的統一上，黃金又有獨立的和它在兩種機能中之存在相異的存在。在作爲價值尺度上黃金只是觀念的貨幣與觀念的黃金；在作爲純粹的流通工具上黃金是象徵的貨幣與象徵的黃金；但是在它單純的金屬的體質中則黃金是貨幣，即貨幣是現實的黃金。

我們現在請考察一下在靜止狀態中的商品黃金，這在對於別的商品們之關係中是用爲貨幣的。一切的商品們在其價格中是表象着一定量之黃金，所以它們只是觀念着的黃金或觀念的貨幣，黃金之代表者，恰好像反對的一方面在價值符號中貨幣是顯示爲純粹的商品價格之代表者一樣[1]。因爲一切的商品們就這樣只是觀念着的貨幣，所以貨幣是唯一的現實的商品。商品只是表象着交換價值，一般的社會的勞動，抽象的財富之獨立的存在，和這對立着的是黃金乃抽象的財富之實質的存在。由使用價值一方面說來，每種商品由其與特種慾望之關聯只表現着實質的財富之一要因，表現着財富之僅僅單獨的一面。但是貨幣在其於每種慾望之對象直接地可以置換的範圍內，它滿足着每一種的慾望。貨幣所固有的使用價值是實現於形成貨幣之等價物的使用價值們之無限的一列。貨幣在其純淨的金屬態中隱密地包含着展開爲商品世界的一切實質的財富。就這樣商品在其價格中假如是代表着一般的等價物，卽抽象的財富之黃金，則黃金在其使用價值中代表着一切商品們之使用價值。黃金故爾是實質的財富之具體的代表者。黃金是 "précis de toutes les choses" (Boiguillebert)（"一切品物之菁英"——波娃居伯語），社會的財富之提要。黃金由形態而言是一般的勞

(1) "不單貴金屬是衆物之表徵……；然反之衆物亦……金與銀之表徵。" A. Genovesi: "公民經濟敎程"（1765），Custodi 編，近代部第八卷第281頁。

動之直接的具體化，由內容而言同時又是一切現實的勞動之總和。黃金是一般的財富之個體化[1]。在作爲流通媒介者之身分上它忍受着百般的侮辱，被割裂，甚至被貶爲純然象徵的紙片。在作爲貨幣上它的黃金的優越性又恢復轉來[2]。由奴隸成而爲主人。由單純的下走成而爲商品之上帝[3]。

(1) Petty: 金與銀是"一般的財富"(universal wealth)。"政治算學"前揭第242頁。

(2) E. Misselden: "自由貿易卽貿易振興策"倫敦1 62年。"商務之天然的資料是貨物 (merchandise)：商人們由貿易之目的稱之爲商品(commodity)。商務之人爲的資料是錢刀，錢刀之稱號是由戰爭與國家之力得來。錢刀在性質上與時代上本後於貨物，而在現今用來却已成爲酋長。"(第7頁)他把商品之貨幣比爲"老雅可布以右手置於少者之上，左手置於長者之上之二子。"(前書) Boisguillebert: "論富之性質……"前揭，"商業之奴隸於是成爲主人，……人民之貧困正由於本是奴隸者而使之爲主人，或至少使之爲暴君。"(第3)5, 399頁。)

(3) Boisguillebert 前揭書："人們把這些金屬（金與銀）化爲了一罩偶像，把它們用在商業中的目的與趣旨拋棄了，拋棄了作爲彼此間之交換與讓渡之保障的本來的目的而化之爲神明，並且還犧牲了且常常犧牲着多量的財物與貴重的必需品甚至連人底生命，就是古代蒙昧的人對於這樣虛僞的神明都不曾獻過如此的犧牲。"云云(前書第

a. 寶藏

因爲商品中斷其蛻變之過程，蛹化爲黃金而停頓着，所以黃金遂以貨幣之形態而與流通工具分離。這樣的事情在販賣未轉化爲購買之前是隨時要起來的。所以作爲貨幣的黃金之獨立化，不外是流通過程或商品蛻變之分析爲兩種分離的各不相關地並存着的行爲之具體的表現。鑄貨之流通一中斷，鑄貨本身便成爲貨幣。鑄貨在銷貨收錢的賣主手中是貨幣，不是鑄貨；它一離開賣主之手，才又成爲鑄貨。每人都是他自己所生產的單方的商品之賣主，但同時又是他於社會的生存上所需要的一切別種商品之買主。他的出現而爲賣主是依存在他的商品在其生產上所需費的勞動時間，而他的出現而爲買主是以生活需要品之不斷的更新爲條件。爲要能專購買而無販賣，他必得先要專販賣而無購買。實際上流通 W—G—W 只有在它同時是販賣與購買之不斷的分離過程時，他才是販賣與購買之過程着的統一。要使作爲鑄貨的貨幣不斷的流通，鑄貨必得不斷地凝集爲貨幣。鑄貨之不斷的循環是以鑄貨之儲積金之不斷的集聚爲前提，這儲積金以或大或小的分量全面地在流通之中發生出來而同時制約着流通，它的形成，分配，發散，又再形成，是不斷地變換着，它的存在不斷地消散，它的消散不斷地是

395頁）。

現存。亞丹斯密曾把這鑄貨之不息的轉化爲貨幣,貨幣之不息的轉化爲鑄貨,這樣的表示了出來,便是每一位商品所有者在他所販賣着的某種商品之外,須得不斷地儲積着他以之而購買的那一般的商品之一定量。我們考察過,在流通W—G—W中第二段G—W是分解而爲一列的購買,這些購買不是出於一時,而是在時間上繼起着的,在那樣的情形之下有G之一部分是作爲鑄貨而流通,其餘的部分是作貨幣而靜止着的。貨幣在這兒實際上只是停了職的鑄貨,而循環着的錢額之個個的成分顯示着不斷的是在變化,時而是變爲這種形態,時而又變爲別種。所以流通工具變爲貨幣之第一次的變化,是表現着貨幣循環本身之純技術上的一個要點[1]。

財富之最初的自然發生的形態是剩餘或過剩之形態,即是生產品在作爲使用價値上非直接需要的部分,也就是

(1) Boisguilebert 見到 perpetunm mobile(永恆流動者)之最初的不動化,卽是作爲流通工具的其機能的存在之消滅,立卽懷疑到它的對於商品之獨立性。貨幣,他說,當得是"在不斷的動態中的,正因它能流動所以成爲貨幣,但它如一不動時便失掉一切"。"法國情形",第231頁。他所忽略了的,是這靜止是它的運動之條件。他實際上所希望的,是商品之價值形態只應顯示爲商品新陳代謝之俄傾的形態,但決不能固定爲自我目的。

其使用價值在單純的需要之範圍以外的這種的生產品之保有。在考察商品向貨幣之移行時,我們看見過這種生產品之過剩或剩餘,在未發展的生產階段上是形成着商品交換所固有的領域。剩餘的生產品是可交換的生產品或商品。這剩餘之妥當的存在是金與銀,這是財富作爲抽象上之社會的財富而於以被固定着的最初的形態。商品不僅能保存在金與銀之形態中,即是保存於貨幣之資料中,而金與銀且是在儲存形態中的財富。每種使用價值作爲使用價值而效用着,是因爲它被消費,即被消滅。但金之作爲貨幣的使用價值是成爲交換價值之負荷者,以無定形的原料而爲一般的勞動時間之具體化。交換價值在作爲無定形的金屬上得到一種不變易的形態。金或銀,就這樣作爲貨幣而不動化了的,便是財寶。如在古代純用金屬流通的國民中,寶藏是下而個人上而國家底全面的過程,國家也有國家底寶藏。在更古的時代,如在亞細亞與埃及,寶藏在國王與僧侶底擁護之下更是顯示爲他們的權力之符徵。在希臘與羅馬以聚積寶藏爲政策,以爲是最安全最安便的剩餘之形態。這種財寶迅速地被征服者由一國遷到別國,與其部分的向流通中之突然的注出,形成着古代經濟之一特質。

在作爲對象化了的勞動時間上,黃金得到它固有的價值量之保證,因爲黃金是一般的勞動時間之具體化,流通過程保證着它的作爲交換價值的不斷的作用。商品所有者能夠把商品在其作爲交換價值的形態內把持着，卽是能夠把交換價值本身作爲商品而把持着，因爲有這樣單純的事實，所以要把商品在被轉化了的黃金形態中收囘的商品之交換，遂成爲流通之特有的動機。商品蛻變 W—G 爲蛻變之故而起，那是欲把商品由特殊的天產的財富變形爲一般的社會的財富。形態轉換代替貿料轉換而成爲自我目的。交換價值由純粹的形式變而爲運動之內容。商品作爲財富，作爲商品而保持其位置，是只有在它在流通領域中保持着位置的範圍內，它在流動的狀態中保持其位置，是只有在它硬化爲金與銀的範圍內。商品以流通過程之結晶之資格而留在流通之中。然而金與銀只有在它們不是流通工具的時候，它們才作爲貨幣而固定着。在作爲非流通工具上金與銀乃成爲貨幣。所以把商品從流通中引入黃金之形態，是使商品不斷地存在於流通之內的唯一的手段。

商品所有者對於流通作爲商品所發出的品物，從流通中只能夠作爲貨幣而收囘。不斷的販賣，商品向流通中之陸續的投入，所以是從商品流通之立脚點上的寶藏積聚之第一條件。在另一方面，貨幣不斷的作爲流通工具向流通過程本身中消逝，因爲它始終是實現爲使用價值，是溶解於無常的享樂。因此貨幣是非由這饕餮的流通之洪流中救出不可,或是商品非在第一次的蛻變中被固定不可,因爲那可以阻擋貨幣作爲購買工具的機能之行使。現在是成爲了寶藏積聚者的商品所有者,總要儘可能地多賣,儘可能地少買。就如老加陀(Cato)已經說過的話：patrem familias vendacem, non emacem esse（家長好賣而惡買）。如勤工是寶藏積聚之積極的條件一樣,節省是消極的條件。商品之等價物化爲特殊的諸商品或諸使用價值引出於流通者愈少,則在貨幣或交換價值之形態內引出於流通者卽愈多1。就這樣在其一般的形態中的財富之據有須以在其質料的形態中的財富之讓渡爲前提。所以寶藏積聚之活潑的動機是貪婪,它所慾求的不是作爲使用價值的商品,而是作爲商品的交換價值。爲要佔領那在一般的形態中之過剩,種種個別的慾求須得作爲奢侈與濫費而處理。在1593年西班牙議會對於菲力普二世上了一項呈請書,其中有如下的一節："1593年度巴拉多里德國會呈請於國王陛下,請陛下今後勿再允許蠟燭·玻璃品·寶石·小刀及其它類似之物輸入王國。此等物由國外輸來,使西班牙人儼然如印度人,爲交換此等於人生全然無用之物而消費黃金。"寶藏積聚者爲追求那蠹魚不能蝕,銹化不能傷,完全是天上財,而同時又完全是地上財的,恆久的財寶之故,而蔑視現世的,一時的,易朽的享樂。

(1) "商品之儲積愈增,則財寶之儲積愈減。"E. Misselden, 前書第7頁。

"我國缺乏黃金之一般根本原因",在前項文獻中彌塞爾登(Misselden)說道,"乃我國消費異邦之商品過多,此等玩具(toys)多所輸入即多所剝去應輸入我國之財寶,故此等與其稱為商品(commodities)甯是證明其為非商品(discommodities)。我國於西班牙•法蘭西•萊茵地方•勒芳特之葡萄酒;西班牙之乾葡萄,勒芳特之細葡萄乾,海拿爾之冷紗(麻布之一種)與塞武力布,意大利之綾羅,西印度之糖與菸草,東印度之香料,如此種切於吾人並無絕對之必需,而却需用現金以購買¹。"財富在作為金與銀上是不易消滅的,因為交換價值是在不朽的金屬中存在着,更因為金與銀於作為流通工具而成為單是俄頃的商品之貨幣形態上受着限制。就這樣易朽的實質成為不朽的形態之犧牲。"假如貨幣由徒為飲食消費者手中作為租稅而取來,交與為改良土地•漁業•礦山•工廠而消費,或至消費於衣服,其對於社會都有一種利益,因為衣服並不如飲食那樣的易朽。如是用以購置家具,則利益更大,用以建造房屋則尤大,類推而上如是以金與銀而輸入本國則是一切利益中之最大者,因為只有金與銀是不朽之物,它們無論在何時何地都作為財富而寶貴着;其它一切的只是此地此時的(pro hic et nunc)財富²。"

(1) 同上第11—13頁散見。

(2) Petty:"政治算學",見前第196頁。

貨幣由流通之流之救出而免其作爲社會的新陳代謝，於外形上亦表現於爲埋藏，那樣是把社會的財富作爲地下的不朽的財寶對於商品所有者立在一種完全祕密的私人關係之內。卑涅爾博士（Dr. Bernier），在德薏（Delhi）（印度Punjab省之都會）地力奧倫澤普（Aurenzeb）之宮廷滯留過一時，他談到商人們把它們的貨幣怎樣祕密地深深地埋藏着，特別是那掌握着一切商業一切貨幣的非囘囘敎徒的異邦人，"他們是怎樣堅信着，他們一生之中所埋藏着的金銀，是在死後的彼世中於他們大有用處的[1]。"然而寶藏積聚者，只要他的禁慾主義是和加緊的勤勞連結着的，那在宗敎上說來倒眞是新敎徒，乃至是淸敎徒。"購買與販賣是一件不可缺乏的要事，而且儘可以以耶敎精神購買，特別是關於用於救濟與榮名之物，這是不能否認的，因爲就是古代的長老們也曾經買賣過牲畜・羊毛・穀品・黃油・牛奶・及其它貨財。這是天所賜與，生於地而分用於人。但如由加爾喀達與印度與其它地方輸入商品的異邦貿易，像那些值價的綾羅・黃金・器具・香料等，只是奉仕於榮華而毫無實用，把貨幣由國家與人民吸取而去，如有諸侯之政府尙存，此事不當在許可之例。但此余不願再有敍述；因我相信着，假如我們的貨幣已空，則此

(1) Francois Bernier: "遊歷大蒙古帝國見聞記"，巴黎版1830年，第一卷第312—14頁。

資　本　一　般　　　　　　147

事必自行終止，豐衣與美食之習亦必告終：在艱難與困苦未把人逼到水盡山窮時，任你筆禿唇焦終歸無效 1。"

(1) Dr. Martin Luther(馬丁路德)："營商與高利貸編"，1524年。在這同一點上路德說道："上帝把我們德意志人拋撇在這樣的情形裏了，我們定要把我們的金與銀投向異邦，使全世界富庶而我們自己當着乞丐。假如德國要把布匹送到英國，英國所有的黃金便會減少，假如德國要把香料送到葡萄牙，葡萄牙國王所有的黃金也會減少，你計算一下罷，佛耶克府一次的年市並無必要並無原故地要有無數的財寶由德意志國土送出：那你如看見在德國還會有一個銅板留存，你是會驚嘆的。佛耶克府是銀孔金孔，凡是在德國所湧出的，生出的，鑄造出的或冶鍊出的，都從那兒流出境外；假如把這孔道塞了，則四處高積的債台與民窮財困，全國都邑均被大利盤剝着的嘆聲，我們不會再有所聞。但是有志事竟成：我們德意志人總應該始終是德意志人！我們不放棄，我們要幹。"

Misselden 在上揭的著作中，想把金與銀至少限制在耶教徒底諸國裏："在耶教徒國以外如與土耳基，波斯，東印度通商，貨幣便會減少。此等商業項上大抵是現金交易，與在耶教徒諸國中之交易完全不同。因為在耶教徒國土中交易即使運用現金，但是貨幣始終是在該種國界內封鎖着的。在耶教徒國土內所經營着的貿易中，實際上貨幣也有順流逆流，滿潮干潮，某一國會有不足，某一國又會有有餘，則有的地方往往會富，有的地方往往會貧：貨幣雖在耶教國土之內要在社會的資料交易混亂期中，便在發達的有產者的社會裏面，貨幣作爲財寶而埋藏的情形也是有的。在其緊密的形態中的社會的聯帶——這聯帶對於商品所有者是存在於商品而商品之妥當的形態是貨幣——會由社會的運行中救出。這社會的 nervus rerum（"事物之神經"即"阿堵物"之意），會和着肉體一道埋藏，肉體底神經便是它。

這樣一來財寶便會是無用的金屬，假如它不時常緊張着復囘流通，它的貨幣魂會由它逸出，而它是留存着的流通之殘灰，流通之精粹。貨幣或獨立化了的交換價值由其質上說來是抽象的財富之存在，但另一方面每種一定的貨幣額是在量上被限制着的價值量。交換價值之量的限制和它的質上的一般性相反，而寶藏積聚者感得這種限制是一種柵壁，在實際上這柵壁同時是變成質的柵壁，卽是使財寶成爲實質的財富之純被限制着的代表物。作爲一般的等價物之貨幣，如我們已經考察過的，是直接表示在一列的等式中，在其中它自己在一邊，而無限行的商品們形成着另一邊。貨幣實現着這無窮的一列約略可到怎樣的程度，卽是與它作爲交換價值的概念上能適應到怎樣的程度，是要看交換價值之大小。交換價值作爲交換價值，作爲自動機械的運動，一

來去而漩涴，但始終是由境界線所圍範着的。但是貨幣如於耶教徒國外要帶到上擧的各國去，那是不斷的漏出而永不復歸。"

般地是只能超過於它的量的界限之運動。但是一種財寶之量的界限一被超過時,會有一種新的栅壁產出,而這新的栅壁又當得被揚棄。顯示為栅壁的不是財寶之某一種界限,而是財寶之每一種界限。所以寶藏並沒有內在的界限,沒有自範的尺度,只是一種無極的過程,這過程是在它每一次的結果中又發現出自己的開始之動機。假如財寶因為被保藏着,所以才見增殖,但同時也是因為被增殖着,所以才見保藏。

　　貨幣不僅是致富慾之汎汎的對象,而且是致富慾之限定的對象。致富慾在本質上就是金錢慾。要這一般的財富在一種特殊的物品中固定化了,因而能夠作為個別的商品而固持着,致富慾才能夠和追求特殊的自然的財富即使用價值,如衣服,首飾,牛羊之類的貪望生出差別。貨幣就這樣是顯示為致富慾之對象,而同樣是致富慾之源泉[1]。在這根底上所橫陳着的,是以交換價值作為交換價值並以之而圖其增加為目的。貪婪把財寶緊握着,因為它不許貨幣成為流通工具,但黃金慾望却維持財寶之貨幣魂,維持着財寶對於流通之不斷的緊張。

　　就這樣,財寶由以形成的那種動作,一方面是以不斷地

(1) "由金錢先生貪想……貪想漸次成為熱狂,熱狂則不再是貪想,而是求錢之渴望。"Plinius:"博物學"第一卷第三十三編,第14章。

返復着的販賣把貨幣引出流通，另一方面是單純的貯藏，蓄積（akkumulieren）。財富作爲財富的之蓄積，實際上只是在單純流通之領域內，而且是在寶藏之形式內，另外還有幾種所謂蓄積之形態，我們隨後將見及的，那只是由於誤用，只是由於連想到單純的貨幣蓄積，遂稱爲蓄積而已。一切其它諸商品之保存法，其一是使用價值之堆積，而其堆積法也就依使用價值之特殊性而定。例如穀品之堆積需要倉廩。羊子之堆積使我成爲牧人，奴隸與土地之堆積自然生出支配與隸屬之關係等等。特殊的財富之保存需要特殊的方法，與單純的堆積有別，而發展成種種偏於一方的個性。其二是在商品形態中之財富作爲交換價值而堆積，在這時這堆積是顯示爲一種商賈的或專門之經濟的行爲。這種行爲之主體是成爲穀品商，牲口販子等等。金與銀之成爲貨幣，不是因爲堆積它們的個人有一種怎樣的活動，却是作爲無須乎這樣的活動而獨自進行的流通過程之結晶。個人除把金銀抓集起來，一兩二兩的堆積着，他是百無所爲的，這樣完全無內容的操作如適用在一切其它的商品上，則一切其它的商品會全無價值[1]。

> (1) Horace 所以是全沒了解寶藏哲理，他在這樣說（諷刺詩 I. II, 諷刺詩 III.）："買來胡弓卽埋藏，並不學彈工尺上；不是靴匠亂剪樣；不是舟人亂操槳；世間若有這樣人，誰不目之爲狂妄。今有人慝擾黄金,

資 本 一 般　　　　151

我們的寶藏者是顯示為交換價值之殉教者，坐在金屬柱頭的神聖的禁慾家。他所關照的只是在其社會的形態中之財富，因此他把它在社會面前埋藏起來。他慾求的是在其始終可以流通的形態中之商品，因此他才把它由流通中引出。他夢魂繚繞着的是交換價值，因此他不肯交換。財富之流動的狀態及其化石，長生不老之仙湯與點石成金之寶石，以煉金術士般的狂態滲雜地紛擾起來。他是在其想像中的無限制的享樂貪求中拋撇了一切的享樂。因為他想要滿足一切的社會的慾望，所以他忽略了自然的必需。因為他把財富在其金屬的肉體中把捉着了，所以財富在他是蒸發成為了幻想。但實際上這種為貨幣而堆積貨幣是為生產而生產之蠻野的形態，所謂為生產而生產即是社會的勞動之生產力超過於正規的需要以外之發展。商品生產愈不發達，

黃金到手即進坑，平生不敢動珠兩，試問此人狂不狂？"

Senior 氏却比他更了解得一些："金錢覺得是萬人所慾的對象，而且是唯一的，因為金錢是一種抽象的財富，而且有它在手裏的人，自己的慾望不問是怎樣的性質都可以滿足。" Jean Arrivabene伯爵翻譯"經濟學之基礎原理"，巴黎1836年，第221頁。Storch亦云："因為金錢代表着一切其它的財富，人們只要有金錢儲蓄，便可以把世界上存在着的一切種類的財富弄到手裏。"（前揭書第二卷第134頁。）

則作爲貨幣的交換價值之最初的獨立化，卽寶藏，愈見重要，所以寶藏在古代的民族中，在亞細亞從古以至於今日，在交換價值尚未把握着一切生產關係的近代的農業民族，是演着重要的脚色的。關於在金屬流通內的寶藏積聚之專在經濟上的機能我們將特加考察，但在其前我們還要論及另外一種寶藏之形態。

銀質的與金質的商品，完全把它們的美術的性質除外，只要它們所由以成立的材料是材料，是可以轉化爲貨幣的，就如像金元或金塊是可以成爲貨幣的一樣。因爲金與銀是抽象的財富之材料，所以財富之最大的誇示是成立於金與銀之用爲使用價值，商品所有者如在生產之某某階段上埋藏其財寶，只要是在安全的所在，財寶一般地要逼着他表示爲 rico hambre (金滿家) 在別的商品所有們之前。他要金化他自己的一身和他的住宅[1]。在亞細亞，特別是在印度，在那兒寶藏積聚不是像在有產者的經濟中的一樣，表現爲全生產機構之低級的機能，而這種形態中的財富反是作爲究竟的目的而被固持着的，所以金質商品與銀質商品

(1) 商家之內部的人性(inner man)，就在他文明化了發展成爲了資本家的時代，他是怎樣的沒有變更，例如有一位倫敦人，世界大銀行家的代表便是一個證明，他把一張十萬金額之銀行券嵌在玻璃匣內懸以爲適當的家徽。要點是這張證券在嘲笑地對於流通界作壁上觀。

資　本　一　般

本來只是財寶之美術的形態。在中世紀的英國，金質商品與銀質商品在法律上只是視爲財寶之單純的形態，因爲它們的價值由所附加的粗工只略略增加了一些而已。它們的目的是再被投入於流通中，因而它們的純度完全和鑄貨本身一樣，是規定着的。隨着財富之增加卽有金與銀用爲奢侈品的之增加，這樣單簡的事實，就在古人也很明瞭[1]，而近代的經濟學者們却演爲謬論，以爲銀質的與金質的商品們之使用與財富之增高不成正比，反只是比例於貴金屬之跌價。關於加里佛尼亞與澳大利亞的金之使用上，他們的其它詳細的論證，所以總是表示着一個窟窿，因爲作爲原料品的黃金消費之增大，依照着他們的學說，沒有由其價值中之相應的跌落得到證明。1810年至1830年，由美洲殖民地與西班牙戰爭之結果，又因革命之故，礦山事業中斷，貴金屬每年度之平均產額減少到了一半以上。1829年在歐洲流通着的鑄貨之減少，比諸1809年，將近有六分之一。就這樣雖然生產量減少，生產費增加，一般地總有點變動，而作爲奢侈品的貴金屬之消費却有異常的增加，在英國是在戰爭期中已然，在歐洲大陸是巴黎和約以後。這便是與一般的財富之增加而增加[2]。在平和時代金貨幣與銀貨幣轉化爲奢侈品，而其

(1) 見下所引Xenophon語。

(2) Jacob,見前書第二卷第25與26章。

復歸爲金塊乃至鑄貨則只在暴風雨時代才佔優勢，這是可以作爲一般的法則的 [1]。在奢侈品之形態中存在着的金財與銀財對於作爲貨幣效用着的貴金屬之比是怎樣的顯着，由下面的事實可以認明，便是在1829年據雅可布之計算，在英國是2與1之比，而在全歐美貴金屬之存在於奢侈品物比存在於貨幣者却多四分之一。

我們知道了貨幣循環只是社會的質料交易於以完成着的商品蛻變或形態轉換之外觀。所以流通着的貨幣之總量，一方面隨着流通着的商品之變化着的價格，卽彼等同時所起的蛻變之範圍，另一方面隨着該商品們底形態轉變之每次的速度，是不得不時常膨脹或縮小，這只有在這樣的條件之下才能夠，卽是一國中所現存的貨幣之總量對於流通中現存着的貨幣量要不斷地保有着變化着的比例。這個條件由寶藏積聚而滿足。假如價格低減或流通速度增高，則寶藏池吸收着由流通中分離出了的一部分貨幣；假如價格增高或流通速度低減，則寶藏打開而部分地流回流通。流通着的貨幣之凝固爲財寶，與財寶之向流通之注入，是不斷地變化着的震動的運動，在這裏而甲乙兩方向孰佔優勢是專

(1) 在大動搖與不安的時代，特別是在內亂與外敵入寇的期中，金品與銀品迅速地化爲金錢；在和平與安定的時代，則金錢化而爲杯盤與手工品。"(同上第二卷第357頁。)

視商品流通之動搖而定。所以財寶就好像是流通着的貨幣之出入二渠，好使只有由流通本身之直接的需要所條件着的金量常常作爲鑄貨而流通着。假如總流通之範圍突然擴張，販賣與購買之流動着的統一佔了優勢，因而待實現的價格之總額增加得比貨幣循環之速度更快，則寶藏眼看着便要空出；如總運動一異常的停滯，即販賣與購買之運動固定，則流通工具以顯著的比例而凝成爲貨幣，寶藏池充滿起來遠遠地超過它的平均水面。在純用金屬流通的或尙在未進展的生產階段上的諸國中，寶藏是無限地零散着，分佈於全國；而在有產者地發展了的諸國則寶藏是集中於銀行之金庫。寶藏不可與現金準備相淆混，後者是形成着時常在流通中的總金量之一部分。金品與銀品，像我們已經考察過的一樣，是貴金屬之排水渠，同時也是潛伏着的來水源。在通常只有它們的前一項的機能在金屬流通之經濟上是重要的[1]。

(1) 於下文中 Xenophon 論貨幣在作爲貨幣與作爲財寶之特殊的定形上，他說道："余所通悉之一切採業中，僅此一件雖產業更形發達而無絲毫可顧慮之虞……所發見之礦石其量愈多，所採出之銀量其額愈大，則準備欲從事於此採業者之人數愈多。……凡家中之用具已十足時，而欲更夢想多置者必無其人，而銀錠則決無人能多有至使之不能不呼出'已足'者。反是，如有人所有之數太多，彼將窖地而寶藏

b. 清付工具

以上貨幣有異於流通工具的兩種形態，是休止中的鑄貨之形態與財寶之形態。前一種形態反映在鑄貨向貨幣之暫時的轉化裏面，卽是 W—G—W 之第二環，購買 G—W，在一定的流通圈域中必然要分散爲一列繼續的購買。但是寶藏却單簡地休息在 W—G 行爲不進展而爲 G—W 的之孤立化上，卽只是商品第一次蛻變之獨立的發展，貨幣發展而爲一切商品之被推銷了的形態與被作爲在其始終推銷着的形態中的商品存在之流通工具相對立着。現金準備與寶藏

之，其爲樂也如實際之使用然。……凡當國家承平之時，人之所欲者無過於銀。男子欲費金錢以購置美甲與瓦馬，第宅與各種華奢之用具。女子則爭驚於高貴之裳衣與金飾。國家如當衰發，或由五穀與它種果品之荒收，或由爭戰，則爲賑荒或購買軍械之故，對於通貨之要求更烈（而土地則荒廢而無生產）。"Xen. "租稅論"第四章。（原書所引係希臘文，此據英譯本所引 H. G. Dakyns 之英譯文所重譯。——譯者）

亞里士多德在"共和國"第一卷第九章中把流通 W—G—W 與 G—W—G 之二種運動在他的術語 "經濟學"（Oekonomik）與"理財學"（Chrematistik）中論述了出來。兩種形式由希臘的悲劇家，特別是歐里比德司（Euripides），是對立地表示爲 Sikn（儀利）與 Keodos（利益）。

只是非流通工具之貨幣，但非流通工具是只因爲它們不流通。貨幣在我們現在將要考察着的規定中是流通着的，或是走進於流通的，但不是在流通工具之機能裏面。貨幣在作爲流通工具上始終是購買工具，而現在是以非購買工具而作用着的。

貨幣一由寶藏積聚發展成爲抽象的社會的財富之存在與實質的財富之具體的代表，它在它作爲貨幣的這種定性中得到在流通過程內的特有的機能。貨幣假如是作爲單純的流通工具因而是作爲購買工具而流通，這兒所前提着的是，商品與貨幣是同時對立着的，卽是同一的價值量成雙地存在着，在一端作爲商品而存在於賣主手中，在它端作爲貨幣而存在於買主手中。這對極上的兩種等價物之同時的存在與其同時的位置轉變，卽其雙方的推銷，在這兒所前提着的是，賣主與買主只是以現存着的等價物之所有者而相互地關係着。因爲商品之蛻變過程，那產出貨幣之種種的定形的，也蛻變着商品所有者，卽改換他們於以相互顯示着的社會的性質。在商品之蛻變過程中，商品保存者與商品之轉化或貨幣之注入於新的形態一樣，常常在脫換自己的外皮。就這樣商品所有者們開始只是作爲商品所有者而對立着，繼而甲成爲賣主，乙成爲買主，繼而又交互成爲買主與賣主；繼而成爲寶藏積聚者，最後成爲富豪。就這樣商品所有者們之走出流通過程時,不是像他們走進時的模樣。實際上貨幣在流通過程中所得着的種種不同的定形,只是商品本身之結晶的形態轉變,而這形態轉變又只是轉化着的社會的諸關係之對立的表現,商品所有者們於其中以行其有無相易。新的交易關係在流通過程中生出,而商品所有者們在作爲這些變換了的關係之負荷者上得着新的經濟上的性質。如在國內的流通中貨幣自行觀念化,而單純的紙張竟代表着黃金而營行貨幣之機能一樣,這同一的流通過程對於以貨幣或商品之單純的代表者而進入於流通中的,那是代表着未來的貨幣或將來的商品的,買主或賣主,而賦與以現實的賣主或買主之效能。

黃金作爲貨幣而展開成的一切的定形,不外是在商品蛻變中所包含着的種種規定之展開,不過這種種規定在單純的貨幣循環中,卽在作爲鑄貨的貨幣之顯示或運動W—G—W作爲過程着的統一之中,並沒分化爲獨立的姿態,或者例如商品蛻變中斷之類僅有那樣的可能性之顯示而已。我們已經知道,在過程W—G中作爲現實的使用價値與觀念的交換價値之商品是和作爲現實的交換價値而只是觀念的使用價値的貨幣關聯着的。因爲賣主推銷着作爲使用價値的商品,賣主是現實着商品本身之交換價値與貨幣之使用價値。反之,因爲買主開支着作爲交換價値的貨幣,買主是現實着貨幣之使用價值與商品之價格。和這相應地有商品與貨幣之位置轉換發生。這種雙方分極的對立之敏活的過程現在在其實現化中又被分裂。賣主實際地推銷商品而在初却只是觀念地實現着商品之價格。(譯者注：即賒賬販賣之意。)他在照着價格販賣商品，但這價格是要在隨後的一定的時間才被實現的。買主以代表着未來的貨幣之資格而購買，而賣主則以現在的商品之所有者而販賣。在賣主一方面作為使用價值的商品實際地被推銷着，無須乎在作為價格上之實際地被現實；在買主一方面貨幣是實際地在商品之使用價值中現實着，無須乎在作為交換價值上之實際地被開支。在前〔現金交易時〕價值符號是貨幣之象徵，現在則買主本身象徵地代表着貨幣。但如在前價值符號之一般的象徵喚起國家之保證與強制通用一樣，現在則買主之人身的象徵在商品所有者們中喚起有法効的私人契約。

反之，在過程G—W中，在貨幣之使用價值被實現或商品被推銷以前，貨幣能夠作為實際的購買工具而被開支，商品之價格能夠如是而被實現。舉例來說，便如通常的先付定錢。或者如像英國政府之收置印度農民底雅片，寄居俄羅斯的外國商人收買俄羅斯的大部分之農產物的一樣。然而貨幣在這兒只是在已知的購買工具之形態內作用着，因而並沒受着任何新的形態規定[1]。所以我們對於這層無須乎多說，不過關於G—W與W—G兩過程在這兒所表現着的轉化了的形態，我們須得注意的是，購買與販賣之差別像直接地在流通中所顯示着的那樣，那僅是想像上的差別，而現在是成爲實際的差別，因爲在一種形態中只有商品存在，在它種形態中只有貨幣，但在兩種中只有端緒於以出發的極點，加之這兩種形態所共通的是一種的等價物在兩者之中只存在於買主與賣主之共通的意志裏面，這種意志束縛着兩造而受着種種法定的形態。

賣主與買主成爲債權者與債務者。假如商品所有者在作爲財寶護藏者上在前是演着滑稽的丑脚，而在現在則嚴重了起來，因爲他不是把他自己，却是把他的隣人認爲是一項旣定的金額之存在，不是使他自己，却是使他的隣人成爲了交換價值之殉敎者。他從戒虔者（Gläubige）成爲了債權者（Gläubiger），由宗敎轉入了法律。

"I stay here on my bond!"

（"我遵守着我的契約！"）(註)

就這樣在這改變了的形態W—G中，在此中商品是現存着而貨幣只是代表着的，貨幣第一着是作爲價値尺度而

(1) 資本自然也可以在貨幣形態之內先付，而先交出的貨幣也可以認爲先交出的資本，但這種觀點逸出了單純流通之地平線外。

(註)案此乃沙士比亞名劇"威尼斯商人"中猶太人先洛克之語----譯者。

作用着。商品之交換價值被評價在作爲它的尺度的貨幣之中，但是在作爲契約上所評定着的交換價值上，則價格不僅存在於賣主之腦中，而且同時是作爲買主之義務之尺度。第二着貨幣在這兒是作爲購買工具作用着的，雖然它僅是把它未來的存在之虛影投在面前。它在這兒把商品引出本位，從賣主之手引進買主之手。契約如一滿期，則貨幣又走進流通，因爲貨幣轉換地位由以前的買主手中踱進以前的賣主手中。但是貨幣不是以流通工具卽購買工具之資格而走入流通。在未入流通之前，它是以這樣的資格而作用着，在停止了這樣的作用之後，它才走入流通。它走進流通常是作爲商品之唯一妥當的等價物，作爲交換價值之絕對的存在，作爲交換過程之最後的言詞，簡言之，卽作爲貨幣，而且是在作爲一般的清付工具之特定的機能中的貨幣。在作爲清付工具的這種機能中。貨幣是顯示爲絕對的商品，但是是在流通本身之內，不像財寶是在流通之外。購買工具與清付工具之差別在商業恐慌期中是很不愉快地顯示着的[1]。

(1) 購買工具與清付工具之差別在路德（Luther）是强調着的。（第二版注。參照"資本論"第一卷，第一篇，脚注第96。）——〔彼注云：路德區分着作爲購買工具與作爲清付工具的貨幣。'你們由高利放債爲我造出了兩層難境，使我在此不能清付，在彼不能購買。'（Martin Luther：''反對高利放債，告僧侶們''。威登堡1540年）——譯者。〕

起初在流通中生產品之轉化為貨幣，只是顯示為對於商品所有者的個人的必要，只要他的生產品不是對於他自己的使用價值，而是要經過推銷之後才能成為使用價值的範圍內。但是為要照着契約的日期清付，他不得不預先把商品販賣。所以販賣對於他，完全和他個人的慾求不相關涉地，由流通過程之運動轉化為一種社會的必要。他在作為一種商品之以前的買主上強制地是另一種商品之賣主，不是想找作為購買工具的貨幣，是想找作為清付工具的貨幣，想找那交換價值之絕對的形態上的貨幣。商品之轉化為終結的行為之貨幣，即商品之作為自我目的的之第一次的蛻變，在寶藏積聚中是顯示為商品所有者之隨興，而在現在是成為了一種經濟的機能。以清付為目的的販賣之動機與內容，是由流通過程之形態本身所發生出的販賣之內容。

在這種販賣之形態中商品們完成着它們的位置轉換，商品們是在流通，而它們把它們的第一次蛻變，它們的轉化為貨幣是延期着的。反之在購買者方面則完成着第二次的蛻變，即是貨幣向商品之逆轉，在第一次的蛻變尚未完成之前，即是商品尚未轉化為貨幣之前。第一次的蛻變就這樣在時間之中在這兒是出現在第二次的之前。因之貨幣，在第一次蛻變中的商品之形態，得到新的定形。貨幣或交換價值之獨立的發展不再是商品流通之媒介着的形態，而是商

資　本　一　般

品流通之終結的成果。

這種的期約販賣（Zeitverkauf），販賣之兩極在時間上分裂着而存在於其中的，是自然生長地由單純的商品流通生出的事情，並用不着要甚麼詳細的論證。流通之發展首先是使同一的商品所有者們返復地交互出現為賣主與買主。這返復的顯示不純是出於偶然，反而可以說是商品限定於一個未來的期限受着預約，在那個期限上商品當被交出而被清付。在這個情形中販賣是觀念地，即是法效地，完成着的，無須乎商品與貨幣之實體地顯示。貨幣作為流通工具與作為清付工具之兩種形態在這兒還是一致，第一是因為商品與貨幣同時轉換地位，第二是貨幣非購買商品，而是實現着在前被販賣了的商品之價格。更進有一列使用價值們之性質上，其實際地被推銷不是與商品之事實上的交付同時，而只是在讓渡後之一定的期間以後。例如一座房屋之使用價值限以一月期限而被販賣，則該房屋雖於月初已轉換人手，而房屋之使用價值却要在一月之後才被交付。因為使用價值之事實上的交出與其實際的推銷在這兒是依着時序先後出現的，所以其價格之現實化同時是出現在它的位置轉換之後。但是最後凡種種不同的商品於以被生產出的期間與期限之區別，可以使某甲出現而為賣主時，而某乙則尚未能出現而為買主，而在購買與販賣在同一的商品所有者們中頻繁地返復時，販賣之二要素應着他們的商品之生產諸條件而有參差。就這樣在商品所有者們中發生出一種債權者與債務者之關係，這雖然形成着信用制度之自然生長的基礎，但在該制度之存在以前，能夠得到十分的發展。而隨着信用制度之形成，也就是隨着有產者的生產一般之形成，貨幣作為清付工具之機能犧牲着它的作為購買工具之機能，更犧牲着作為寶藏之原素之機能，而自行擴展着，這是明白的。例如在英國其作為鑄貨之貨幣幾乎專是限制在生產者與消費者間零售與小買賣之圈域內，而作為清付工具之貨幣則支配着大規模的商業交易之圈域 1。

在作為一般的清付工具上，貨幣成為契約們之一般的

(1) Macleod 君雖然滿在自賈他的空論的定義，他甚至連極初步的經濟的諸關係都認錯了，他竟使貨幣一般發生於其最發展了的形態，卽清付工具之形態。就中他說：因為吾人非必同時地需要彼此交互的效勞，而且也不必在同一的價值範圍內，所以"在這兒會有甲某對於乙某所買的效勞之 差或數量——卽是債務"。這種債務之債權者又需要丙某之效勞，這丙某是不直接需要他的效勞的，他可以"把甲某買於他的債務轉移於丙某。就這樣債務之信據——通貨——傾轉換人手。……一個人當到接受着一項 被金屬的通貨所表示着的債務時，他不僅能夠遣調原債務者之效勞，而且能夠遣調全產業社會之效勞"。Macleod："銀行之理論與實際"倫敦1855年，第一卷第一章。

商品——最初只是在商品流通之範圍內[1]。但是隨着貨幣在此機能中之發展，一切其它形態之清付逐漸漸地成爲貨幣清付。貨幣作爲專門的清付工具所能發展到的限度，指示着交換價値之深入地與普及地對於流通所能支配到的限度[2]。

作爲清付工具流通着的貨幣之數量首先是由清付之總額而定，即是被推銷了的商品之價格總額而定，非如在單純的貨幣循環中是由尙待推銷着的商品之價値總額。然而這

(1) Bailey，前書第3頁："貨幣是契約們之一般的商品，即是在日後所當完成的關於財產上的交易之大多數所於以成就着的品物"。

(2) Senior，前書第221頁云："因爲一切品物之價値是在一定的期間中變換着的，所以吾人採用其價値變換之最少者，其所有的平均購買力之最能長久繼續者之品物以爲清付工具。由是貨幣遂成爲價値之表現或代表。"恰是說到反面。因爲金銀等是成爲了貨幣即是獨立化了的交換價値之存在，所以金銀乃成爲一般的清付工具。Senior 君所言及的關於貨幣價値量之持久性的顧慮而在出現的時候；即是在貨幣由四圍情形之迫促而確定成爲一般的清付工具的時期中，在貨幣之價値量裏面也正好有變動發現。英國的伊利沙白時代便是這樣的一種時期，在那時 Burleigh 卿與 Thomas Smith 爵士顧慮到貴金屬之顯著的跌落，由巴列門通過一項法令，便是要牛津與劍橋兩大學須得於小麥及麥芽中準備下其應交地租之三分之一。

樣決定下的總額要受着兩重修正，第一是修正於同一貨幣片所用以返復着同一機能的之速度，即是多數次之清付表現爲清付之過程者的連鎖上之速度。A清付B，B又清付C，就這樣繼續下去。同一貨幣片據以返復其作爲清付工具之機能之速度，一方面是依存於在商品所有者們中債權者與債務者諸種關係之連鎖，即是同一的商品所有者對於甲是債權者，對於乙是債務者等等的關係之連鎖，另一方面是依存於區分着種種不同的清付期限的期間之長短。這個清付之連鎖即商品之事後的第一次蛻變之連鎖，在買上與貨幣之循環中表現爲流通工具的諸蛻變之連鎖有別。後者不僅是顯示在時間上的繼起中，而且只有在此繼起才成爲連鎖。商品成爲貨幣，繼又成爲商品，爰以使別種商品成爲貨幣，如此類推，或則賣主成爲買主，因而別的商品所有者遂成賣主。這種關係是偶然地發生於商品交換之過程本身中。但是A某以之清付於B某之貨幣，由B某以之清付於C，C某以之清付D，如此輾轉清付，而且在迅速地繼起的時段之中——在這種外部的關聯裏面只是顯現着一種業已具存着的社會的關係而已。同一的貨幣不是因爲出現爲清付工具而經過種種不同的人手，却是因爲種種不同的人手已經是連接着的，所以它才作爲清付工具而流通。貨幣作爲清付工具以之而流通着的速度，對於個人們向流通過程之被引入,比較貨幣作爲鑄貨或購買工具以之而流通着的速度,表示得更要深切。

　　同時的因而在空間上是並起着的購買與販賣之價格總額形成着鑄貨數量由循環速度所能補充的之限度。這種限制對於作爲清付工具而作用着的貨幣是不生作用的。該當同時滿期的諸多清付如集中於一個地點,這樣的事情在初是自然生長地只出現於商品流通之大中心地的,那樣則有負有正的諸多清付便相互抵消,如 A 當付款於 B,而同時復得 C 之付款之類是也。作爲清付工具所需要的貨幣之總額所以不是由同時當實現的諸多清付之價值總額而定,却是由清付集中之或大或小與由正負相消之後所殘存着的差數之多少而定。對於這種品除之特殊的設備,如在古代羅馬一樣,即無何等信用制度之發達亦可以成立。但關於這項的考察,就和關於在特定的社會圈內隨處都是固定着的一般的清付期限之考察一樣,同一是不屬於這兒的範圍。在這兒有當注意的是這種期限對於循環着的貨幣數量中之週期的動搖上所發生的特殊的影響,在最近期中才見到了科學的研究。

　　諸多清付在作爲正負相消的範圍內,全無實際的貨幣介在其間之餘地。貨幣在這兒是在其作爲價值尺度的形態中表示着的,一方面在商品之價格中,另一方面是在相互的債務之大小中。就這樣在其觀念的存在之外,交換價值在這兒是並沒有獨立的存在的,連作爲價值符號的存在都沒有,便是貨幣只成爲觀念的計算貨幣。就這樣作爲清付工具的貨幣包含着這種矛盾,便是一方面在諸多清付正負相消的範圍內貨幣只觀念地作爲尺度而活動,另一方面在清付用現金交付的範圍內,貨幣不是作爲一時的流通工具,而是作爲一般的等價物之靜止的存在,作爲絕對的商品,簡言之便是作爲貨幣,而走入流通。所以在清付之連鎖與其正負相消之人工的編配發展着的地方,在清付之流強制地中斷,把其正負相消之機構阻礙了的激動期中,貨幣突然之間由其作爲價值尺度上之朦朧的空幻的姿態一變而爲硬貨或清付工具。就這樣在發展了的有產者的生產狀態中,在此中商品所有者早已成爲了資本家,早已認識了他的亞丹斯密,早已在嘲笑着只以金銀爲貨幣或以貨幣一般與其它商品有別而是絕對的商品的那種迷信,貨幣又突然的顯示爲不是流通之媒介者,而是顯示爲交換價值之唯一妥當的形態,顯示爲唯一的財富,完全如寶藏積聚者之所見解。貨幣在作爲財富之這樣的獨擅的存在上,並不如像在貨幣學系那樣,顯示爲純粹地觀念的存在,却是顯示爲一切實質的財富之實際的賤價化與價值消滅。這便是世界市場恐慌之特殊的要素,一般稱爲貨幣恐慌。在這些時期中人人作爲唯一的財富所

資　本　一　般　　　　　169

哀求着的商貿波濃（summum bonum至上善），便是貨幣，是現金，此外一切其它的商品，正因爲它們是使用價值，便是顯示爲無用，顯示爲廢物，玩具，或如我們的馬丁路德博士所云，是顯示爲純粹的華飾與貪食。這信用制度向貨幣制度之突然的轉變在實際的恐慌（panic）之上更加上以學理的驚惶，流通之當局者們便在他們自己的諸多關係之不可透闢的神祕之前發抖¹。

　　清付在自己一方面又需得有一筆準備金，即作爲清付工具的貨幣之一項蓄積。這筆準備金之形成不再像在寶藏積聚中那樣顯示爲流通本身之外部的活動，也不像在現金準備那樣顯示爲鑄貨之純技術的儲集，而是貨幣爲要在旣定的未來的清付期限上能夠現存着之故，不能不逐漸地積聚起來。就那樣在其視爲致富之源的抽象的形態中之寶藏

(1) 波娃居白(Boisguillebert)，他是想阻礙有產者的生產諸關係的，對於有產本本身加以猛烈的攻擊，他高興理解着的是貨幣顯示爲只是觀念的或只是一時的那種形態。那樣他先談到流通工具，又談到清付工具。他所依然不會理解着的，是由貨幣之觀念的形態向他的外在的實在性之直接的轉變，即是硬貨幣在價值之純是想像的尺度中已經是潛伏地含存着的。他說，"貨幣之爲商品本身之單純的形態，是在驚受交易中表示着的，在那兒只要'商品一被評價'之後，交換無須乎貨幣之參加而驚行着。" "法蘭西事情"，前揭，第210頁。

169

積聚，隨着有產者的生產而減少，而由交換過程直接需要着的寶藏積聚却是增多，或甯是一般地在商品流通之領域中所形成着的財寶之一部分，是作爲流通媒介之準備金而被吸收了的。有產者的生產愈發達，這項準備金愈見限制於必要的最小限度。洛克在他關於利息低落之著書中 [1] 對於當時的這項準備金之大小有一些有趣的說明。我們根據他可以知道，正在銀行業開始發達的期中，作爲淸付工具之準備金在英國是把一般流通着的貨幣之怎樣顯著的數量吸收了去。

由單純的貨幣循環之觀察所生出的，關於流通着的貨幣量之法則，由淸付工具之循環受着根本的修正。在貨幣之所與的循環速度中，不管它是作爲流通工具，也不管它是作爲淸付工具，在一種所與的時段中流通着的貨幣之總額是由方將流通的商品價格之總額 plus（加）在同一時期中發生着的諸多淸付之總額 minus（減）由正負相消着的諸多淸付而定。循環着的貨幣量依存於商品價格的，那種一般的法則，並未因之而受絲毫的動搖，因爲諸多淸付之總額本身是由約定着的價格而定的。但是循環之速度與淸付之節約卽算是假定着不變，在一定時期中，例如在一日中，流通着的商品數量與在同日流通着的貨幣數量決不能相掩，這是異

(1) Locke，前書，第17頁。

常顯着的，因爲那兒有多數的商品流通着，其價值是方待實現於貨幣的，又有多數的貨幣流通着，而是爲的有相應的商品們老早以前就已經脫離了流通。這後者（貨幣）的數量之多少依存於定約雖全不同時而是在同日滿期的諸多清付之價值總額之大小。

我們已經知道，金銀價值中之變化於其作爲價值尺度卽計算貨幣之機能上不生影響。然而這種變化對於作爲財寳之貨幣則是斷然的重要，因爲金質的或銀質的財寳之價值量是隨着金價值與銀價值之漲跌而漲跌。對於作爲清付工具之貨幣，尤爲重要。清付是遲於商品之販賣而後發生的，卽是貨幣於兩種不同的時間在兩種不同的機能中發生作用，在初是作爲價值之尺度，其次是作爲與此尺量相應的清付工具。在這期限中間貴金屬之價值如變化，或在貴金屬之生產上所費的勞動時間如變化，則同量的金或銀，在作爲清付工具而出現時，比其作爲價值尺度而效用着的時候，卽是比在契約締訂的時候，會有貴賤之不同。如作爲貨幣或獨立的交換價值之金與銀這樣的一種特殊的商品之機能在這兒和它們作爲特殊的商品上之性質，其價值量依存於其生產費之變化的，發生衝突。在歐洲因貴金屬價值之跌落所喚起的大規模的社會革命，與古代羅馬共和國之初期由平民負債所於以締結着的銅價之騰貴所激起的，方向相反的革命,同是周知的事實。貴金屬之價值變動,其及於有產者的經濟組織之影響,用不再詳加追求,凡貴金屬之跌價有害於債權者而有利於債務者,貴金屬之漲價則有害於債務者而有利於債權者,在這兒已經是明瞭的。

c. 世界貨幣

黃金成為有異於鑄貨之貨幣,第一是由它作為財寶由流通中退出,其次是作為非流通工具向流通中走入,但最後是突破國內流通之障壁以作為一般的等價物向商品世界中發生作用。那樣便是成為世界貨幣(Weltgeld)。

像貴金屬之一般的重量尺度作為最初的價值尺度而效用過的一樣,在世界市場中貨幣之計算名稱又轉化為相應的重量名稱。像無定形的金屬原料(aes rude)是流通工具之最初的形態,而鑄貨形態最初也只是在金屬片中所含的重量之官樣的符號一樣,作為世界鑄貨之貴金屬又消滅了花樣與銘文而退囘為無可無不可的金塊形態,卽是國家貨幣如俄國的音培里亞(Imperial),墨西哥的它勒(Taler),英國的梭威侖(Sovereign),在流通於外國的時候,它們的稱號便無可無不可,而只以其實質通用。在作為國際的貨幣上貴金屬最後又恢復了作為交換工具的它們最初的機能,卽是如像商品交換之本身一樣,不是起於自然生長的國族之內部,而是起於種種不同的國族之境界上。貨幣一脫離了國內的流通，它便又把那在每個特殊的領域內由交換過程之發展所生出的諸多特殊的形態，作爲價格標準之地方形態，如鑄貨，小錢，價值符號等脫去了。

我們已經知道，在一國之國內的流通中只有一種商品是作爲價值尺度而效用着。但因在甲國是用金，在乙國是用銀，所以在世界市場上便有雙重的價值尺度，而貨幣在一切其它的機能中也就有雙重的存在。商品價值由金價格向銀價格之翻譯，以及由銀價格向金價格之翻譯，每次是由兩金屬之相對的價值而定，這價值是不斷的變換着，所以其設定也顯示爲不斷的過程。每個國內的流通圈域之商品所有者，對於海外的流通都不得不交代着使用金與銀，不得不把內地作爲貨幣通用着的金屬對於在國外作爲貨幣使用着的金屬作交換。就這樣各國也就把兩種金與銀，使用爲世界貨幣。

在國際的商品流通中，金與銀不是顯示爲流通工具，而是顯示爲一般的交換工具。但這一般的交換工具只有購買工具與清付工具之兩種發展了的形態中之機能，然兩種機能之關係在世界市場上是倒逆的。在國內的流通圈域中，貨幣在鑄貨之形態內，專爲購買工具而媒介着 W—G—W 之過程着的統一，或在商品之不斷的位置轉換中表現着交換價値之純瞬時的形態。在世界市場上則相反。假如資料交易是單方面的，因而購買與販賣是參差着的時候，金與銀在這兒是顯示爲購買工具。例如赤塔（Kiachta）的國境通商無論在實際上與同條約上都是只以銀爲價值標準之貿易。1857—58年之戰爭決定了中國單去販賣而無購買。於是銀便突然顯示爲購買工具。俄國人顧慮着條約方面把法國的五法郎銀貨還成生銀，以作爲交換工具。銀一方面在歐洲與美洲間繼續着營行購買工具之機能，另一方面是歐洲與亞細亞間，亞細亞是把銀作爲財寶而埋藏的。更進，只要在兩國民之間的傳統的資料交易之均衡一破，例如年歲凶收使兩國民中之一不能不於異常的分量而購買時，貴金屬便發揮着國際的購買工具之機能。最後貴金屬在生產着金與銀的諸國之手是國際的購買工具，它們在那兒是直接的生產品與商品，而不是商品之轉化的形態。在種種不同的國民的流通圈域間之商品交換如愈見發展，則作爲淸付工具的世界貨幣之機能發展到國際債務的正負相消。

與國內的流通一樣，國際的流通也需要一種時常增減着的金與銀之量。所以堆積着的財寶之一部分在每一國中都作爲世界貨幣之準備金而效用着，這準備金準依着商品交換之動搖時而騰空，時而又注滿 1。除在國民的流通圈

(1) "被儲蓄的貨幣補充那由流通圈域所退出的貨幣之數量，這是爲要實際的在流通之中以應付貿易上一切萬一的擾亂而退出的。"（G.

域間很徠着的諸多特殊的運動之外，世界貨幣有一種一般的運動，其出發點在生產之源泉，由這兒有金銀之流從四方八面奔騰向世界市場。金與銀在這兒作為商品而走進世界流通之中，在它們落到國內的流通圈域之前，它們是作為等價物準依着本身中所含有的勞動時間之比例對商品等價物交換着的。在這裏面所以它們顯示着是一定的價值量。所以金銀生產費底變化中之一漲一跌在世界市場上同樣地影響到金銀之相對的價値，然此價值與種種不同的國民的流通圈域所吸收金銀的程度全無關係。由商品世界中每一種特殊的圈域所範圍着的金屬流通之一部分，或直接走入國內的貨幣循環，以補充被銷磨了的金屬鑄貨，或被儲蓄於鑄貨・清付工具・與世界貨幣之種種不同的財寶池塘，或轉化而為奢侈品，最終所餘下的則專成為財寶。在有產者的生產之發展了的階段上，財寶之積聚是被限制到最小限度的，便是被限制在流通之種種的過程在能自由連轉其機構上所必要的最小限度內。財寶之作為財寶在這兒只是睡眠着的財富——假如它不是表現為諸多清付之品除中的一種剩餘之瞬間的形態，不是中斷了的質料交換之成果，不是在第一次蛻變中因此而起的商品之固化。

R. Carli 注 Berri："關於經濟學之諸考察"，第 196 頁，Custodi 版第十五卷；見前。)

像作爲貨幣之金與銀在其概念上是一般的商品一樣，金銀在世界貨幣中也就得到與此相應的普遍的商品之存在形態。因一切的商品都對金銀而推銷的關係上，金銀遂成爲一切商品之所轉化的形態，因而也就是四處可推銷的商品。現實的勞動之質料交換愈見在地球面上擴張起來，則金與銀愈見現實爲一般的勞動之具體化。金與銀成爲一般的等價物，是在形成着金銀之交換圈域的各個特種的等價物之一系列所擴展着的限度內。因在世界流通中商品普遍地展開其固有的交換價值，故其交換價值之轉化爲金與銀中的姿態遂成爲世界貨幣。就這樣商品所有者之諸國國民由其全般的產業及普遍的交易化黃金而爲妥當的貨幣，而產業與交易在他們只是顯示爲要把在金銀形態中之貨幣引進世界市場。所以作爲世界貨幣之金與銀是一般的商品流通之生產品，也是擴展商品流通之圈域的工具。就如在希圖點石成金的鍊金術士（alchymist）之背後，有化學生出的一樣，在商品所有者們追求着蠱惑的形態中之商品（譯者案：卽金銀財寶）時，在他們的背後迸出了世界產業與世界貿易之源泉。金與銀幫助造成世界市場，因爲它們在自己的貨幣概念中是把世界市場之存在豫想着的。它們（金與銀）的這種魔術作用決不被限制在有產者社會之童年時代，却是必然地發生於這種曲解，卽商品世界之負荷者們對於他們所固有的社會的勞動之曲解，十九世紀之中葉新產金地之發現所及於世界交易上的那個異常的影響是把這明示着的。

像貨幣之成爲世界貨幣一樣，商品所有者們展化而爲世界人。人們相互間之世界人的關係在初只是作爲商品所有者的彼此的關係。商品本身是單獨地超越在各種宗教的，政治的，國民的，國語的城壁之上。商品之普遍的語言是價格，其共通形態是貨幣。但是隨着與國家鑄貨對立着的世界貨幣之發展，商品所有者們之世界主義作爲實踐理性之信仰與向來阻礙着人類之質料交換的一些宗教的，國家的，及其它的偏見對立着便發展出來，像在亞美利加的鷹洋（eagle）形態中之黃金一在英國登岸便成爲"梭威侖"，三天之後在巴黎又作爲"拿破崙"而流通，幾個禮拜之後到了威尼市又成爲"都卡特"（Dukat），但所含有的價值總常是同一的一樣，彼所謂國民性者"不外是金貨圭尼亞上之花紋而已"（"is but the guinea's stamp"），這在商品所有者們是滿明瞭的。全世界在他們的念頭中所於以浮起的那個崇高的觀念，是一個市場之觀念，世界市場之觀念 1。

(1) Montanari: "貨幣論"（1683年）見前第40頁。"諸國民相互間之通商如此遍佈於寰球，幾於可云全世界已成一都市，在此中開設有萬貨駢集之永恆的年市，人人雖不出戶庭即可以以金錢而購買得享受得全世界上一切土地，牛馬，人類的勞動之產物。奇矣哉此發明！"

4. 貴金屬

有產者的生產過程首先是把金屬的流通作為一種旣成的傳統的機關而把捉着，這種機關雖然逐漸遭受變化，但總時常是保持着它的根本構造的。何以不用別的商品而用金銀為貨幣之材料的這個疑問，是逸出於有產者的制度底範圍之外。所以我們只扼要地攝述着最基本的幾種觀點。

因為一般的勞動時間是只許有量上的差別的，所以想作為它的具體化而通用着的對象物，須得是能夠表現着純粹地量上的差別，卽是質上之同一性與等形性是已經前提着的。這是對於作為價值尺度的一種商品之機能上的第一個條件。例如我們如把一切的商品以牡牛・獸皮・穀品等等來評價，那我們在實際上必定是評價於觀念上的平均牡牛，平均獸皮，蓋因牡牛之於牡牛，穀品之於穀品，獸皮之於獸皮，是質上的差別。然而金與銀是單純的物體，其本身始終是平等的，因而它們的相等的分量是表現着相等大的價值[1]。對於作為一般的等價物而效用着的商品，有直接由表現着

(1) "金屬有這種特性，凡物於其中均可還元為一種抽象，卽是量之抽象，因為它們在其內部的構造與其外部的形象上，都沒有由天然受到質上的差異。"(Galiani, 見前書；第130頁。)

純粹地量上的差別之機能而生出的另一種條件，便是有可以任意細分的可能性，與細分之復可綜集的可能性，那樣則計算貨幣在感官上也可以表現出來。金與銀充分地賦有這種種性質。

在作為流通工具上金與銀視諸其它的商品有一種特長，便是因為它們的比重大，在小量中比較地能含多的重量，它們經濟上的比重和此相應，比較地能含多量的勞動時間，即是說在小量中包含着大的交換價值。職此則運搬之輕便，由甲手移到乙手，由甲地移到乙地，其出沒自在之可能性——簡言之，即物質的可動性是受着保證的，這是要想作為流通過程之"永恆生動者"（perpetum mobile）而通用着的商品之必具的條件（sine qua non）。

貴金屬之高度的比重，耐久性，比較的不可毀滅性，在空氣中之不酸化性，其在黃金則特別是除王水外對於諸酸之不溶解性，舉凡這些自然的性質使貴金屬成為寶藏積聚之天然的物料。所以那位好像是巧克力糖之大好朋友的培特·馬梯爾（Peter Martyr），他讚美那形成着墨西哥貨幣中之一的可可壳（Kakaosack）說道："哦，受着祝福的貨幣喲，供給人類以爽神而有益的飲料，且呵護其所有者不致為貪婪之惡毒所污，因彼不可埋藏，亦不能經持甚久。"（"論新大陸"。）

政治經濟學批判

在直接的生產過程中金屬一般之重大的意義是與其作為生產用具之機能上有關係的。金與銀除掉其稀有性而外，比較起鐵乃至銅（此就其硬度而言，古代曾用之），它們的大的柔軟性使它們不能適用為生產用具，因而金屬一般之使用價值所根據着的那種性質它們是受了大部分的剝削的。像在直接的生產過程中金銀是無所可用的一樣，其作為生活手段，作為消費之對象物上，也顯示得並無必要。所以金銀之每種任意的分量能夠走進流通過程中，而於直接的生產過程與消費過程毫無影響。金銀固有的使用價值與其經濟的機能不相矛盾。在另一方面金與銀不僅是消極地過剩的，卽是說不必要的對象物，而且它們的審美的性質使它們成為奢華，裝飾，輝煌，禮拜日的炫耀慾望，之自然發生的資料，簡言之卽是成為過剩與財富之積極的形態。金銀好像就顯示得是從地底世界挖出的純粹的光，銀是反射着在其本來的渾合中之各色的光線（卽白色之意——譯者），金只是反射着最強度之色調，卽赤色。但是色感是一般審美的感官中最通常的形態，在種種印度·日耳曼語系中貴金屬之名稱與色彩關係之言語學上的關聯，是由雅可布·葛呂车（Jakob Grimm）證明了的。（參看他的德意志語言史。）

最後，金與銀之能由鑄貨形態轉化為餅塊形態，由餅塊形態轉化為奢侈品，以及其反逆的轉化，這也就是它們賽過其它的商品們的特長處，決不是一次既定的使用形態所拘，這使它們成爲那始終是須由甲種定形變化爲乙種定形的貨幣之天然的材料。

天然界並不生產貨幣，也就如銀行家並不生產貨幣或匯兌行市一樣。但因有產者的生產不能不把財富結晶爲在一個單獨的物品形態中的偶像，所以金與銀便是應此要求的財富之化身。金與銀本來並不是貨幣，但是貨幣本來就是金與銀。一方面銀質的或金質的貨幣結晶不僅是流通過程之生產品，而在實際上且是流通過程之唯一的終息的生產品。另一方面金與銀是既成的自然產物，它們直接地並無形態差別之分，是甲同時也就是乙。社會的過程之一般的生產物，乃至作爲生產物的社會的過程之本身，是一種特殊的自然生產物，卽是在地球之臟腑中深藏着又由該處可以掘出的金屬[1]。

我們已經知道，金與銀是不能把那個要求滿足的，那個在作爲貨幣上期待着它們保持着同一不變的價值量的要求，然而它們如亞里士多德已經說過的一樣，是賦有着比其

(1) 在760年代有一圍貧民移往南方，想去淘取 Prag 地方之沙金，三個男子在一天能夠淘出三馬克。因此之故，農人多拋棄田園而遠去"掘金"(diggings)；到翌年來國中遂大鬧其飢饉焉。(參看M. G. Korner："波赫米亞礦山之古代研究"。雪堡1758年。)

它商品們之平均以上的恆久的價值量。貴金屬或昇或跌之一般的影響暫且不提，金與銀之價值比例之動搖却是特別重要，因為兩者在世界市場上是並行地效用為貨幣之物料。這種價值變化之純經濟的基礎——征服與其它政治的改革，在古代對於金屬價值曾經發揮過巨大的影響，然只是局部的且一時的——當然要歸結到在這些金屬之產生上所需費的勞動時間之變化上。這種變化之本身要依存於它們比較上的自然的罕有性，也要依存於在鍊製它們為純粹金屬上之難易。金實際上是人類所發見的第一項金屬。一方面天然界已經把它呈示在純粹的結晶的形態，獨立具存着，不與它種物體化合，或如鍊金術士所說的，是在少女的形態中；另一方面天然界本身在河流之廣大的淘金場中舉行着淘金之工事。從人一方面來說，無論是淘集沙金，或在冲積層中採取，都只費些極簡單的粗工，而在銀之鍊取上則須以礦山勞動及一般地技術上之比較高度的一種發展為前提。所以儘管其絕對的罕有性較金為小，而銀之本來的價值却較金之價值為大。據斯屈拉波（Strabo）所云，在亞剌伯人之某族中十鎊金等於一鎊鐵，二鎊金等於一鎊銀，也並不必便是無稽之談。然而待社會的勞動之生產力愈見發展，因而單純的勞動之生產品對於複合的勞動之生產品便愈見珍貴，待地壳之開拓愈見廣泛，則原生的淺在的產金淵源愈見消渴，於是銀之價值在比例上便會低於金之價值。在工業技術與交通機關之某一種旣定的發展階段上，新的金產地或銀產地之發現決定地要動搖着天秤之稱盤。在古代亞細亞金與銀之比是6與1之比，或8與1之比，這8與1之比是十九世紀初頭在中國與日本之情形；克舍諾封（Xenophon）時代10與1之比，可以作爲中世紀之平均比例。西班牙銀礦初被喀爾塔哥（Karthago）之開發，繼被羅馬之開發，其影響於古代之處與亞美利加的礦山之發現之影響於近代的歐羅巴者約略相同。在羅馬帝制時代15或16與1之比約略是當時的平均數，雖然我們在羅馬是看見有銀價之深劇的低落。這種同一的運動，在前以金之相對的跌價開始，繼後以銀之低落告終的，在其後自中世紀以至於最近代的這個長時期中返復着。中世紀之平均比例如在克舍諾封時代一樣，半是10與1，因亞美利加的礦山發現之結果又成爲16或15與1。澳地利亞的，加里佛尼亞的與哥倫比亞的金礦之發現似乎使金價又跌了一次[1]。

(1) 澳地利亞等地的發現迄今於金與銀之價值比例上尙無何等影響。密顋·胥瓦烈（Michel Chevalier）之反對的主張所有的正不外是這前聖西門信徒之社會主義。誠然倫敦市場上之銀市價表示着1850—1858年間的銀之平均金價格比 1830—1850 年的是高過了百分之三不足。但這點騰貴單由亞細亞的銀之需要便可以解明。在 1852—

C. 關於流通工具與貨幣之學說史

在十七世紀與十八世紀，近代有產者的社會之幼年期中，有一種普遍的黃金慾驅逐着各國國民與各國諸侯組織着赤十字軍渡海以求黃金的聖杯[1]，所以近代世界之最初

1858年間這幾年幾月的銀價格只是隨着這項需要而變，决不是隨着新發現的產地金額之增加。下面是倫敦市場上銀之金價格之一覽表：

每盎斯銀之價格：

年	三月	七月	十一月
1852	$60\frac{1}{8}$便士	$60\frac{1}{4}$便士	$61\frac{7}{8}$便士
1853	$61\frac{3}{8}$便士	$61\frac{1}{8}$便士	$61\frac{7}{8}$便士
1854	$61\frac{7}{8}$便士	$61\frac{5}{8}$便士	$61\frac{1}{2}$便士
1855	$60\frac{7}{8}$便士	$61\frac{5}{8}$便士	$60\frac{7}{8}$便士
1856	60　便士	$61\frac{1}{4}$便士	$62\frac{1}{8}$便士
1857	$61\frac{3}{4}$便士	$61\frac{5}{16}$便士	$61\frac{1}{8}$便士
1858	$61\frac{5}{16}$便士		

(1) "黃金者奇怪之物也！有之者則成爲一切其所期欲者之主人。一有黃金甚且人之靈魂亦可得入天國。"（哥侖布之信簡，1503年由賈埋衣加島所發。）〔第二版注，參照"資本論"第一卷第四版第95頁。考斯基〕

的解釋者們，重商學派只是其變形之一種的貨幣學派之祖師們，便宣稱金與銀，所謂貨幣也者的，是唯一的財富。他們正確地說出有產者的社會之天職，是在找錢，由單純的商品流通之立場而言，自然也就是去積聚那蠹不能蝕銹不能傷的財寶。價格3金鎊之一噸鐵，其價值量與3金鎊相等，這在貨幣學派是不成問題。貨幣學派所討究的不是交換價值之大小，而是交換價值之妥當的形態。假如貨幣學派與重商學派把世界貿易與直接向世界貿易開口着的國民勞動之特殊的支流，是表示為財富即貨幣之唯一眞實的源泉，那我們便須得想到，當時的國民生產之大部分是還在諸多封建的形態之內動移，是作為直接的生活源泉對於生產者本身奉仕着的。生產品大部分不轉化為商品，因而也不轉化為貨幣，一般地不進入於一般的社會的貿料交換，因而也不顯示為一般的抽象的勞動之對象化，在實際上並不形成着有產者的財富。作為流通目的之貨幣是交換價值即抽象的財富，這不是甚麼財富之資料的原素，而是作為生產之決定的目的與推動的動機。那些不見稱於當世的豫言者們他們堅持着交換價值之純淨的可把捉的有光輝的形態，把捉着這種形態作為一般的商品而與一切其它的商品對立，這眞是很適應於當時有產者的生產之初期。當時有產者的經濟之本來的領域是商品流通之領域。所以他們從這基本的領域之觀點出發，來批判有產者的生產之極繁複的過程，他們把貨幣和資本混淆了。近代經濟學家對貨幣學系與重商學系之執拗的反對大部分是基因於這種學系把有產者的生產之祕密，即是受着交換價值之統治，在粗野幼稚的形態中饒舌了出來。李嘉圖，雖然用得並不適當，他在甚麼地方曾經說過，就是在飢饉的時期穀品之輸入也不是因爲國民斷糧，而是因爲穀品商人要找賸項。經濟學在批評貨幣學系與重商學系中是失敗了，因爲它只把這種學系視爲純粹的錯覺，視爲只是錯誤的學理，而沒把它認爲經濟學本身的諸多基本前提之蠻野的形態。加之這項學系不僅有一項歷史的存在權，而且在現代經濟之某某種圈域內也有充分的市民權。在財富取着商品之初步形態時的有產者的生產過程之一切的階段上，交換價值是取着貨幣之初步的形態。而財富在生產過程之一切的相位上總有一瞬間是又要歸還到商品之一般的初步的形態。就在極發達的有產者的經濟中，與作爲流通工具的金銀之機能有別而與一切其它的商品對立着的作爲貨幣的金銀之機能並未揚棄，而只是受着限制，所以貨幣學系和重商學系是保持着他們的權利的。金與銀作爲社會的勞動之直接的化身，因而是作爲抽象的財富之存在，以和別的不神聖的商品們對立着的這種加特里克舊教的事實，自然是有損於有產者的經濟之新教徒的 point d' honneur（體面），

資　本　一　般

有產者的經濟因爲過於警惕着了貨幣學系之偏見，竟長久失掉了對於貨幣流通現象之批判力,其情形有如下述。

　　貨幣學系與重商學系只是認到在其作爲流通之結晶的生產品上之定形中的貨幣，古典派的經濟學又才在流動的形態中去把握，認爲是在商品蛻變本身之內部所創生而又消失的交換價值之形態,這是事理之所當然。所以像商品流通專一是在W――G――W之形態中被理解着，而這形態又專一是在販賣與購買之過程着的統一之定性中被理解着的一樣，貨幣是在其作爲流通工具之定形中與其作爲貨幣的定形相對抗地而被主張着的。假如流通工具本身在其作爲鑄貨的機能中被孤立化了，那它如我們已經考察過的一樣,會轉化而爲價值符號。但是因爲古典派的經濟學首先把金屬的流通作爲優越的形態與流通對立着,所以他們把金屬的貨幣認爲鑄貨,把金屬的鑄貨認爲純粹的價值符號。與這價值符號之流通法則相適應着,有這個定式是可以設立的，便是商品之價格依存於流通着的貨幣之數量，而流通着的貨幣之數量則不依存商品之價格。這種觀念在十七世紀意大利的經濟學家們是多少暗示着的，時而爲洛克（Locke）所肯定,時而又爲所否定,而在"觀世報"（"Spectator"）中（1711年十月19日號)則由孟德斯鳩(Montesquieu）與休謨(Hume) 決定地展開了出來。因爲休謨更進一步地是十八世紀中這種學理之最重要的代表者，所以我們要把我們的走馬觀從他開始。

在諸多既定的前提之下，不管是流通着的金屬貨幣，還是流通着的價值符號，其數量之或增或減，一樣地於商品價格表示着要發生影響。商品之交換價值作為價格而於以評定着的，金或銀之價值如有跌有漲，則價格遂或漲或跌，這是因為價值尺度是變化了；而金與銀之作為鑄貨上的流通則或增或減，這是因為價格是漲了或跌了。但是目所能見的現象，在商品之交換價值不變時，是隨着流通工具之增量或減量而起的價格之變化。另一方面流通着的價值符號如超漲過了必要的水準之上，或跌落過了必要的水準之下，那它們會由商品價格之跌落或騰貴，受着強制地要回復轉來。在這兩種情形之中，好像同一的作用是由同一的原因所引起的，休謨便固執着這種外觀。

關於流通工具之數量與商品之價值變動之關係，各種科學的研究，必然要把金原料之價值作為既定的而前提着。而休謨則專一考察着貴金屬本身之尺度中的革命時期，也就是在價值尺度中之革命。自從美洲的礦山發現以來隨着金屬貨幣之增加而同時發生的商品價格之騰漲，形成着他的學說之歷史的背境，就如他對於貨幣學系與重商學系的駁斥給予他的學說以實際的動機一樣。貴金屬之輸入，在其生產費不變時，自然能夠增加。在另一方面，它們的價值之減少，卽是說在它們的生產上所費的勞動時間之減少，首先只是在它們的輸入之增加上表示着。所以，休謨底後繼者們說道，減少了的貴金屬之價值表示在流通工具之增殖着的數量中，流通工具之增殖着的數量表示在價格之騰漲中。但是實際上增殖着的只是輸出的商品之價格，這是和作爲商品之金與銀而交換，不是和作爲流通工具的金與銀而交換的。就這樣，在跌了價的金與銀中評價着的商品之價格，對於一切其它的商品，其交換價值繼續着在金與銀中尙依照舊時的生產費之標準而評價着的，便會騰貴起來。在同一國度中商品交換價值之這種雙重的評價自然只是一時的，而金價格或銀價格必然要在由交換價值本身所決定的比例中互相平準起來，結果是一切商品之交換價值是適應着金原料之新的價值而被評價。這種過程之展開，與同商品交換價值在市場價格之動搖中一般地所貫澈着的方式，都不能在這兒敍述。但是這種平衡化在有產者的生產之未甚發展的時期中是十分漸進的而且是分爲了幾個長久的時期，但每期都不曾和流通着的現金之增加保持着齊整的步武，這是由最近關於十九世紀中商品價格之運動的批判的研究顯著地被證明着的[1]。休謨學徒們所愛談及的，在古代羅馬由馬

(1) 休謨對於這漸進是承認着的，雖然和他的理論並不一致。參看

基頓，埃及，小亞細亞等征服之結果，所起的價格之騰漲，那是完全不中肯綮的。古代世界所特有的把儲蓄着的金銀財寳突然地強制地由甲國移到乙國，由於單純的寇略過程使某一國中貴金屬之生產費一時的低減，這些在貨幣流通之內在的法則上並不發生影響，就如在羅馬國中埃及的與希西利亞的穀品之不收費的分配，並無影響於支配着穀品價格的一般的法則。在貨幣循環之詳細觀察上所必要的材料，一方面是商品價格之精確的歷史，另一方面是關於流通着的媒質之膨脹與收縮以及貴金屬之輸出與輸入等等之公家的繼續的統計，這種材料，一般地是要完全發展的金融制度才能出現，在休謨與其它十八世紀一切的著作家們都是缺乏着的。休謨之流通理論可歸納爲下述諸節：1.一國中商品之價格由該國中所現存的貨幣數量（現實的貨幣或象徵的）而定；2.一國中流通着的貨幣代表着在該國中所現存着的一切的商品。準依着代表者即貨幣之數量所增加的比例，被代表着的物品對於各個代表者上便有多有少；3.商品如增加，則其價格即跌落，即是貨幣之價值騰漲。貨幣如增加，却相反地是商品價格增大，貨幣價值低落 [1]。

休謨說：＂因貨幣過剩之故而起的一切品物之昂貴對於

David Hume：＂論說集＂。倫敦版1777年，第一卷第300頁。

(1) 參照 Steuart 前揭書第一卷第394—400頁。

資　本　一　般　　　　191

現存的任何商業都不利益,因爲它使貧窮的國度,在一切國外的市場上使富強者賤賣¹。假如只就一國來考察,那所存的鑄貨對於商品之淸付或代表究竟是或多或少, 那是不關痛癢的,也就如一位商人淸理簿記,不用號碼簡少的亞剌伯數字,而用號碼繁多的羅馬數字,於其賬目終無變換的是一樣。但是貨幣比較多量的,也就如羅馬數字一樣,實在不便,那在保存上和運搬上都要多費氣力²。"爲要一般地證明一番,休謨應該要指示出在一種所與的數字系統中,所用的號碼之多少與數值之大小無關。反是數值之大小是依存於所用的號碼之多少。商品價值在低落了的金或銀中去評價或"計算",是全無利益,那是十分正確的,所以在流通着的商品之價值總額增加時,各個民族總覺得以銅計算沒便於銀,以銀計算沒便於金。民族愈富厚,便愈把價值較低的金屬化爲補助鑄貨,價值較高的爲貨幣。在另一方面休謨是忘記了,以金與銀計算價值無須乎金或銀之"具存"。計算貨幣與流通工具在他是混同了的,兩者都是鑄貨(coin)。因爲在價値尺度卽用爲計算貨幣而作用着的貴金屬中的價值變換,使商品價格增高或減跌,其在流通速度不變時也使流通着的貨幣之數量或增或減,所以休謨便結論着說,商品價格

(1) David Hume, 前揭書第300頁。

(2) David Hume, 前揭書第303頁。

之騰貴或跌落依存於流通着的貨幣之數量。在十六世紀與十七世紀中金與銀之量不僅有所增加，而且同時其生產費又有所減少，所以休謨能夠看到歐洲的礦山之倒閉。在十六世紀與十七世紀時歐洲之商品價格隨着被輸入的美洲的金與銀而騰貴了起來；就這樣各國之商品價格是由在該國現存着的金與銀之數量而定。這是休謨的第一項"必然的結果"。[1] 在十六世紀與十七世紀時價格之騰貴與貴金屬之增加不一律；在商品價格中多少有一些變化表示出之前，經過了半世紀以上，在商品之交換價值一般地準應着金與銀之低落的價值而被評價之前，也就是在一般的商品價格起了革命之前，所經過的時間更長。就這樣，休謨與自己的基本哲理違背着，把單面觀察得的事實無批判地轉化爲一般的定式，他結論着說道，所以商品之價格或貨幣之價值非由一國中所現存的貨幣之絕對的數量而定，實是由實際上躍入流通中的金與銀之數量而定，而在當該國所現存的一切的金與銀結果終得要作爲鑄貨而被吸收於流通[2]。假如金與銀有一種固有的價值，則把一切其它的流通法則均置諸度外，

(1) David Hume，前揭書第303頁。

(2) "價格與其依存於一國中所存的商品之絕對量與貨幣之絕對量，實是依存於能夠或可以出現於市場的商品之絕對量與流通着的貨幣之絕對量，這是顯明的。假如鑄貨是鎖在荷包裏，那對於價格就和它是

資　本　一　般　　　193

對於諸多商品之一定的價值總額只有一定量的金與銀可以作爲等價物而流通，那是明瞭的。就這樣，假如在一國中所偶然現存的金與銀之分量無須顧慮到商品價格之總額而必然地作爲流通工具以踐入於商品流通，則金與銀並無何等內在的價值，因而在實際上是並非實際的商品。這是休謨的第三項"必然的結果"。他是使無價格的商品與無價值之金與銀踐入流通過程。所以他也決不說到商品之價值與黃金之價值，反而只說着它們的相互的分量。洛克在前曾經說過，金與銀只有一項純是想像的或因襲的價值；這對於貨幣學系謂金與銀有眞實的價值的那種主張，是最初的粗野的對立形態。金與銀之貨幣存在只是進出於社會的交換過程中的它們的機能，這被解釋爲，金與銀之有其固有的價值因而有其價值量者當感謝於社會的機能1。就這樣金與銀是無價值的品物，但在流通過程內它們在作爲商品之代表者上是得到一種虛擬的價值量。金與銀由此過程不是轉化爲貨

消滅了的一樣。假如商品要寶藏在堆棧和倉庫裏，那結果也是同然。在這些情形之中，貨幣與商品是從不會面的，所以它們不能夠相互作用。結局是(價值之)全部達到與王國中所存的貨幣之新的數量成正確的比例。"(同上第307，308，303頁。)

(1) 參看 Law 與 Franklin 論關於金與銀由其作爲貨幣之機能上所應得的剩餘價值。並參着 Forbonnais〔第二版注。〕

幣，是轉化爲價值。金與銀底這種價值是由其固有的數量與商品數量間之比例而定，因爲這兩種數量是不能不相含蓋。就這樣休謨把金與銀作爲非商品而使之騰入於商品世界，待它們一顯現在鑄貨之定形中時，他反而把它們轉化爲由單純的交易與別的商品相交換的單純的商品。現在假如商品世界是成立於一種唯一的商品，例如是一百萬卡特穀物，那嗎如有兩百萬盎斯金現存着，則一卡特與二盎斯金交換，如有兩千萬盎斯金現存着，則一卡特兌二十盎斯，就這樣商品之價格與貨幣之價值是與現存着的貨幣量反比例地騰貴或跌落¹。但是商品世界是成立於無限不同的使用價值，其相對的價值決不是由其相對的分量而定。這樣則休謨對於這商品數量與黃金數量之交換作何思索呢？他以那個毫無意義的模糊的觀念而滿足了，便是每種商品作爲總商品額

(1) 這種虛擬在孟德斯鳩是在字面上原樣表示着的。〔第二版注。孟德斯鳩原語引用於"資本論"第一卷第二編，腳註80——編者（考斯基）注。〕〔譯者案彼註所引用原語云"假如我們把世界中現存着的金與銀之數額與現存着的商品數額相比較，則每一種單獨的生產物與每一種單獨的商品可以等置爲貴金屬之一定的部分，那是確切不易的。我們假定着在世界上只有一種唯一的商品，或是只有一種唯一的可以販賣的東西，又假定着這東西就和貨幣一樣是在同樣的比例中可以細分的。那嗎商品之一定部分會與貨幣存量之同比例的

之可除盡的部分對於黃金總額之相應的可除盡的部分相交換，由商品中所含有的交換價值與使用價值之對立而進出的，在貨幣之循環中顯示着的，在貨幣之種種不同的定形中結晶着的，那商品之過程着的運動，就這樣是被抹殺了，出而代替的是在一國中現存着的貴金屬之重量總額與同時具存着的商品總額間之想像的機械式的平衡。

吉姆司·司徒瓦特爵士（Sir James Steuart）以對於休謨及孟德斯鳩之詳細的批評開始了他關於鑄貨與貨幣之研究[1]。事實上他是把這個問題提出了的第一人：流通着的貨幣之量是由商品價格決定，還是商品價格是由流通着的貨幣之量決定？他的行文由其關於價值標準之空幻的見解，由其關於交換價值一般之動搖的敍述，由其關於重商主義之懷舊談，雖然不免有些混沌，但他是把貨幣之本質的定形與貨幣循環之一般的法則暴發了的，因爲他不是機械地把商品分在一面把貨幣又分在另一面，却是實事求是地從商品交換之種種不同的要素本身而把種種不同的機能發

部分相應，總商品之一半適當於貨幣存量之一半等等。……商品價格之決定在根本上恆依存於商品之總額對於貨幣符號之總額所有的比例。"（孟德斯鳩："法之精髓"全集本，倫敦1767年，第三卷第12，13頁。）}

(1) Steuart，前揭書，第一卷第394頁以下。

展着的。"對於國內的流通上的貨幣之用途是在兩種要點之下總括着的。對於賒欠之清償，對於必需品之購買；二者總括着形成爲現金之需要（ready money demands）。……一國民之貿易與產業之狀况，生活樣式，傳統的消費，假使全盤總括起來，是支配且决定着現金需要之數量，即是推銷之數量。爲要使多種多樣的清付實現，若干成之貨幣是必要的。這若干成數隨着四圍的情形又可以減可以加，不怕推銷之數量是無所更變。……總之一國之流通是只能够吸收一定量之貨幣1。"商品之市場價格是由需要與競爭（demand and competition） 之複雜的作用而定，這後者與一國中所現有的金銀之數量是毫無關係的。然則其不作爲鑄貨使用的金與銀將成爲甚麼？那將作爲財寶而被儲積，或作爲奢侈品而被加工。金與銀之數量如一低落到流通上所需要的水準以下，人們便將用象徵的貨幣或別的代用物而補足之。有利的匯兌行市如於一國中招至貨幣之過剩而同時斷絕了對於國外匯兌之要求，貨幣常常會陷在金庫中，它睡在那兒無用，就好像睡在礦阬裏的一樣2。由司徒瓦特所發見的第二條法則是建立在信用上的流通之向其出發點的囘流。最後他把各國之利息率之相異對於貴金屬之國際的

(1) Steuart, 前揭書，第二卷第377——379頁。
(2) 同上，第379——380頁。

資　本　一　般

移出移入所發生的諸多影響展開了出來。這最後的兩種規定本來和目前的本題單純流通相隔太遠，我們序述在這兒只是爲求備舉而已[1]。象徵的貨幣或信用貨幣——司徒瓦

(1)　"過多的鑄貨會被儲藏，或者轉化爲餠塊。……至於紙幣，只要它成就了那第一項目的卽使借之者（卽發行紙幣者——譯者）之要求滿足，它立地間到債務者之手裏而被現實。……所以一國中之硬貨卽使以極大的比率而增減，而商品們依然會依着需要與競爭之諸原則而漲跌，這需要與競爭常常是依存於有財產或有任何種類之等價物可以支付的人之意趣，而決不依存於其所有的鑄貨之多少。……作算那（卽"一國中硬貨之多少"）就很低，在那一國中如有任何名義之財產，且於有此財產者的人們之中有消費的競爭時，則用着實物交易，象徵的貨幣相互的通融以及無數其它的辦法，價格仍會騰貴。……假如這一國在和別的諸國通商，則在本地與各地多數的商品之價格間必然有一種比例存在，現金之突然的增加或減少，卽算單獨地能發揮提高價格或跌落價格之效能，在此發揮上是被外國的競爭限制着的。"前揭書第一卷第 400—402 頁。"各國之流通必然與其生產商品上市的居民之產業成正比例。……所以假如一國之鑄貨降落到陳賣着的產業價格之比例以下，則如象徵貨幣之類的辦法會發現出來，提出與鑄貨相等之物。但是假如現金是超過在產業之比例以上，那不會使價格增高，也不會踐入流通：那會儲積成爲寶藏。……一國中的貨幣量儘管是怎樣，只要是在和世界各國交通，在

特對於這兩種形態的貨幣尚未分別——能夠補助在國內流通中的作爲購買工具或淸付工具之貴金屬。所以紙票是社會之貨幣(money of the society)，而金與銀則是世界之貨幣(money of the world)[1]。

凡是有歷史法學派所說的"歷史的"發展的國民，總愛忘記了它們本身的歷史，這是它們的特性。所以關於商品價

> 通中決不會有過有不及，但這數量和富者之消費與貧者之勞動與勤勉約略相比例"，而這比例不是決定"於該國中實際地所具存的貨幣之量。"（前書第403—408頁散見。）"一切的國家於已國之流通不必要的現在，都想努力着投到比較已國之金利高的國度裏去。"同二卷第5頁。"歐羅巴最富的國民在流通着的現金上可是最窮的國民。"同二卷第6頁。
>
> （參看Arthur Young 對 Steuart 之論敵。〔第2版注。"資本論"第一卷第一編脚注78中，馬克思說道："休謨氏之理論爲 A. Young 在其1774年出版於倫敦的 "政治算學" 中，對着 J. Steuart 等人辯護着的，在該著中有特殊的一小節："價格依存於貨幣之量"。第112以下。編者。〕）
>
> (1) Steuart, 前書，第二卷第370頁。路易·布郎（Louis Branc）把"社會之貨幣"，這不外是內地的，國民的貨幣之意，誤譯爲百無意義的社會主義的貨幣，結果是把傑羅（Jean Law）弄成了社會主義者。（參看他的法蘭西革命史第一卷。）

資　本　一　般　　199

格對于流通工具量的關係之論爭，在這半世紀間繼續地搖動着英國國會，在英國發行了大小幾千册的小册子，而司徒瓦特之遭人抹煞，比斯賓諾若(Spinoza)在勒薪(Lessing)時代被摩舍士・門德爾松（Moses Mendelson）看成"死狗"的還要不如。就是著"通貨誌"（"Currency"）的最近的著者,馬克勒冷(Maclaren),他把亞丹斯密變成司徒瓦特的理論之創始者,把李嘉圖變成休謨的之[1]。李嘉圖雖曾把休謨的理論精化，而亞丹斯密是把司徒瓦特的探討之結果作爲死的事實而紀載着的。亞丹斯密把他們蘇格蘭的格言"生財如何積少成多"公然運用到精神的財上來，所以他小心翼翼地把那積成其多的少之來源隱蔽着了。當到明確的規定逼着他不得不和他的前進者們淸算的時候，他甯肯把問題底重心避開的,不僅一次。在他的貨幣論中就是這樣。在他敍述着在一國中所現存的金與銀或是轉化爲鑄貨；或是對於無銀行的國土之商人則儲蓄爲準備金，對於有信用流通之國土則儲蓄爲銀行存款；或是作爲財寶以用于國際間的淸付之正負相消；或是被加工而成爲奢侈品,他是悄悄地把

(1) Maclaren，前書第43以下。愛國心使一位早世的德國著作家（Gustav Julius），竟把老畢胥（Busch）視爲了與李嘉圖學派對峙着的權威。畢胥閣下把司徒瓦特之天才的英語翻譯成爲漢堡的方言，而且盡力地把原文糟蹋了。

司徒瓦特的理論取到了手的。關於流通着的鑄貨數量之問題，他錯到極端地把貨幣作爲單純的商品處理着，悄悄地把它抹殺了[1]。他的俗化者，笨伯塞綺（J. B. Say），法國人身稱之爲"科學王子"（Prince de la Science）的，就如歌特顯德（Johann Christoph Gottsched）把他的乘奈骨（Schönaich）稱爲荷馬（Homer），把自稱扁它羅·亞烈丁諾（Pietro Aretino）的他自己稱爲"首要的恐怖"（terror principum）與"世界之光"（Lux Mundi）的一樣，把亞丹斯密之不全是出於無心的錯誤滿堂皇地崇奉爲了一種敎

(1) 此不確。亞丹斯密嘗有兩三處正確地談到此法則。（第2版註。關此可參照"資本論"第一卷第一編，脚註78。編者）〔譯者案，該註後段云："我在'經濟學批判'第149頁（今行版176頁）上說過：'關於流通着的鑄貨數量之問題，他（亞丹斯密）錯到極端地把貨幣作爲單純的商品處理着，悄悄地把它抹殺了。'這話只能在亞丹斯密專門地（ex officio——由其著作之計劃所課令）處理着的範圍內適用。但有時候，例如在批評早期的經濟學之諸系統時，他發表着正確的見解：'鑄貨之量無論在何國均依據其由之而循環着的商品之價值而定。………在一國中每年所買賣着的商品之價值，需要一定數量之貨幣，以使商品流通，使分配於其適宜的使用者；然更多則無用處。流通渠把足以滿渠的水量引來，决不多受。'（"原富論"第四卷第一章。）"〕

條¹。亞丹斯密關於信用貨幣之見解雖是獨創而深到,但此外對于重商學系之錯覺的反駁的意氣,使他不能客觀地把握着金屬的流通之現象。就如在十八世紀底諸多化石理論中,總有由對於大洪水之聖經的傳說之批判的或辯解的顧慮而迸出的,一道潛流流貫着的一樣,在十八世紀之一切貨幣理論背後總藏着有一種對於貨幣學系之暗鬥,這個陰魂曾經看守過有產者的經濟之搖籃,而時常還在立法上投下它的陰影。

關於貨幣本質之研究在十九世紀所直接喚起的,不是由於金屬的流通之現象,甯是由於銀行紙幣流通之現象。前者之所顧及,只是爲要發現後者之法則。1797年以來英國銀行現金支付之停止,隨後繼起的諸多商品價格之騰貴,金元價格之低落到市場價格以下,銀行紙幣之貼水,特別是自1809年以來,這些現象提出直接的實際的機會以供國會內之政黨戰,國會外之理論戰,兩者都一樣的酣烈。十八世紀

(1) "通貨"(currency)與"貨幣"(money),卽是流通工具與貨幣之區別,故爾在'原富論'中是沒有的。亞丹斯密實際上把休謨與司徒瓦特知道得很詳細,而佯爲漠不相識,公正的 Maclaren 先生便受了他的欺騙,以爲:"價格依存於通貨之多少的這種學說,尚未引起注意;斯密博士就和洛克君一樣(洛克是改變了他的見解的),把金屬的貨幣只看成了商品。"(Maclaren, 前書,第44頁。)

中之紙幣史是可以作爲這場論爭之歷史的背境的，羅氏銀行（Lawsche Bank）之失敗，由十八世紀之初期至中葉的北美英國殖民地之地方銀行紙幣隨着價值符號之增加而逐漸發生的貼水；其次是稍後在獨立戰爭中由美國中央政府所法佈的紙幣（Continental bills 大陸券），最後是規模更大的法蘭西革命當時之亞胥涅券之經驗。當時大多數的英國著作家把銀行紙幣流通，這是完全由另一種法則所決定的，和價值符號或有強制通用力的國家紙幣之流通混同了，他們一面聲明着要由金屬的流通之法則來說明這強制流通之現象，而其實他們是反而由強制流通之現象抽引出金屬流通之法則。我們要把那 1800—1809 年間的多數的著作家全盤跳過，立卽轉向到李嘉圖來，一來因爲他把他的前蹤者綜合了，把他們的見解定式化了，二來因爲他所賦與於貨幣理論的姿態，一直到目前都還支配着英國的銀行法規。李嘉圖，和他的前蹤者一樣，是把銀行紙幣或信用貨幣之流通和單純的價值符號之流通混合着的。支配着他的事實是紙幣之貼水與商品價格之同時的騰漲。在休謨是美國礦山，在李嘉圖是線針街（Thread-Needle Street）紙幣印刷所，他自己在文字上也曾把這兩種主因視爲一致。他的初期的諸著作，那只論述着貨幣問題的，正發表在英倫銀行之論爭最劇烈的時候，站在銀行一方面的是內閣總理與主戰黨，反對者是以國會底反對黨爲中心而聚集着的灰格派（Whigs）與平和黨。這些著作成爲1810年金塊委員會之有名的報告書之前題。李嘉圖之見解是在這報告書中被採用着的[1]。李嘉圖與其追隨者們，他們把金塊說明爲單純的價值符號的，一般是稱爲金塊黨（Bullionists Goldbarrenmänner），這種特徵不僅基因於這委員會之名稱，而且和他學說內容是有攸關的。在他關於經濟學的諸著中，李嘉圖曾把這項見解返復着而更進一步的展開了，但是像他對於交換價值，利潤，地租等等所探討過的那樣，對於貨幣本質之本身却從不會提及。

李嘉圖首先決定了金與銀之價值，就如決定其它一切商品之價值一樣，由其中所對象化了的勞動時間之量[2]。在作爲有一定價值之商品的金與銀中，一切其它的商品之價值受着測量[3]。在一國中的流通工具之量現在是一方面

(1) David Ricardo:"金塊之漲價，銀行紙票跌價之一證"，第4版，倫敦1811年（其第一版出現於1809年）。其次："答覆波商奎氏（Bosanquet）對於金塊委員會報告書之實際的檢討"，倫敦1811年。

(2) David Ricardo:"經濟學原論"，第77頁。"貴金屬之價值，和一切其它的商品一樣，結局是依存於在獲得它與運搬至市場上所需要的勞動量之總和。"

(3) 前書，第77，180，181頁。

由貨幣之尺度單位價値而定，在另一方面是由商品交換價値之總額。這項流通工具之量由淸付方式中之經濟而被匡正 [1]。因為有一定價値的貨幣所能流通着的量就這樣得到決定，它在流通之內的價値又只顯示在它的量中，所以貨幣之單純的價値符號，假如是準着由其價値所規定着的比例而發行着的，那它能夠補充着流通中之貨幣，而且 "循環着的貨幣假如純一是構成於紙片，與所應代表的黃金有同等的價値，那貨幣才是在最完備的狀態" [2]。就以上所述，李嘉圖是把貨幣之價値作為旣定者而前提着，然後由商品之價格以決定流通工具之量；而作為價値符號的貨幣在他是一種旣定的金量之符徵，不像在休謨一樣只是商品之無價値的代表。

李嘉圖由他的論述之坦道突然離開了，取着了一種相反的見地，他立卽轉折到貴金屬之國際的流通，由題外的觀

(1) Ricardo, 前書，第421頁。"在一國中能夠運用的金量依存於其價値。純是用金，比純是用銀時，則只需十五分之一而足。" 並參考 Ricard: "關於經濟的且安全的通貨之提案"，倫敦1816年，第17，18頁，該書中云："流通着的紙票之數量依存於在一國之流通上所需要的總計，這總計是由貨幣之尺度單位之價値，淸付之總額，與實現此等淸付之經濟而定。"

(2) Ricardo: "經濟學原論"，第432，433頁。

點之輸入而使問題十分混亂了。我們現在來追蹤着李嘉圖之思路,我們先把一切人為的偶然事件丟開,因而我們假定着貴金屬作為貨幣而流通着的國內是有金礦銀礦的。李嘉圖推論至此所生的唯一的論式,是在金之價值既定時,流通着的貨幣之量是由商品價格而定。就這樣在某一定的時限中一國內流通着的黃金之數量單一是由流通着的商品之交換價值而定。現在假定這交換價值之總額是減少了的,其原因或者是因為準據着舊有的交換價值所生產的商品較前減少,或者是由勞動之生產力增加之結果同一的商品數量得到較小的交換價值。再則我們反過來假定着,交換價值,之總額是增加了的,其原因是商品之數量在不變的生產費上增加了起來,或者是價值,無論是同一的商品數量之價值,或較小的商品數量之價值,由勞動之生產力減少而增加了。在這兩種的情形之下流通着的金屬之所與的一定量是怎樣呢?假如金之為貨幣,只是因為作為流通工具而循環着,又假如金是被強迫着固定在流通裏,如由國家所發行的有強制通用力的紙幣一樣（這正是李嘉圖所懷抱的心事）,那嗎這流通着的貨幣之量,在前一項中會準依着金屬交換價值之比例而超增;在後一項中便會低落到通常的水準以下。就這樣黃金雖是賦有着一種價值,但在前一項是成為比自己所固有者更低賤的交換價值之金屬之符徵,在後一項是成爲更高價的金屬之符徵。在前一項中黃金之作爲價值符號是在其實際的價值之下，在後一項中是在其上（又是有強制通用力的紙幣之抽象）。在前一項中好像是商品們在比金更賤的金屬中受着評價，在後一項中好像商品們是在比金更貴的金屬中受着評價。所以在前一項中商品價格是增高了，在後一項中是低落了。在兩種情形之中有商品價格之運動，增高或減跌，流通着的黃金之數量對於與其固有的價值相應的水準或超過或低落的相對的膨脹或收縮，那所謂水準便是正常的數量，是由黃金固有的價值與流通着的商品價值間之關係而決定的。

同樣的過程在這樣的時候也可以成立，便是流通着的商品們之價格總額不變，而流通着的黃金之數量低過或超過其正常的水準，低過時是在流通中被消磨了的金元未由礦山之相應的新的生產以補充，超過時是由礦山之新的供給超過了流通之需要。在兩種情形中都是假定着，黃金之生產費或其價值，是始終沒變。

綜括起來說：假如流通着的貨幣之量，在商品們之交換價值旣定時，由其固有的金屬價值而定，這時候流通着的貨幣是保持着正常的水準。因爲商品數量之交換價值之總額是減少了或礦山之金產額增多了，則貨幣便超過水準以上，黃金低落到其固有的金屬價值以下，商品之價格便增高。因爲商品數量之交換價值之總額增多了或礦山之金產額不敷於被消磨了的黃金數量之補償，則貨幣收縮到水準以下，黃金超越於其固有的金屬價值以上，商品價格便低落。在這兩種的情形之中，流通着的黃金是比其實際所含有的要更大或更小的價值之價值符號。黃金能夠成爲它自身的增了價與減了價的符徵。商品們只要一般地在貨幣之這種新的價值中受了評價，一般的商品價格相應地是增高了或低落了，那嗎流通着的黃金之量立地又會與流通之需要相適應（這一種結果，是李嘉圖特別滿足地高調着的），但是要與貴金屬之生產費因而是與其作爲商品上對於別的商品們之關係相矛盾。準依着關於交換價值一般的李嘉圖之學理，黃金之騰貴超過於其交換價值以上，那是超過於由在黃金中所含有的勞動時間而定的價值以上，會誘起黃金之生產增加，增加到所增加了的供給又把黃金降低到正常的價值量爲止。反過來便是黃金之低落到其價值以下會誘起黃金之生產減少，減少到黃金又恢復到正常的價值量爲止。由這反逆的運動，黃金之金屬價值與其作爲流通工具的價值間之矛盾，便會消除，流通着的黃金數量之正常的水準便恢復起來，商品價格之高度又與價值之尺度相適應。在這流通着的黃金之價值中的浮沈，一樣地會影響着餅塊形態中的黃金，因爲根據着假定，所有不用爲奢侈品的一切黃金，都是在流通着的。因為黃金本身，不管是鑄貨還是金塊，能夠成為比自己所固有者更大或更小的金屬價值之價值符號，所以那流通着的可兌現的銀行紙幣會頒受着同樣的運命，是不言而喻的。銀行紙幣雖是可以兌現，因而它的現實價值與其名義價值相應，然而流通着的貨幣，黃金與紙票之總額（"具體的通貨構成於金屬與可兌現的紙票"）可以增價也可以減價，準依着它們的總數量由上述的諸多理由增減至由流通着的商品們之交換價值與黃金之金屬價值而定的水準以上或以下。不兌現的紙幣，從這種觀點上看來，長於兌現的紙幣的，只是能夠雙重地跌價。它可以跌前到它所期望代表着的金屬價值之下，因為它是發行得太多，又因它所代表着的金屬跌到固有的價值之下，它也可以跌落。這項跌價，非紙幣對於黃金之跌價，而是黃金與紙幣一同即一國中的流通工具之總數之跌價，是李嘉圖底重要發現之一，奧沃斯通卿和其一黨利用了這項發現，使成為了1844年與1845年爵士羅伯池・皮爾銀行條例之基本原理。

所不得不加以證明的，是商品價格或黃金之價值依存於流通着的黃金之數量。這個證明成立於以尚待證明者之一事為前提，即是作為貨幣使用着的貴金屬之任何分量，不管與其內在的價值是怎樣的關係，總得是流通工具，是鑄貨，因而是對於流通着的商品們之價值符號，也不問那商品

資　本　一　般　　　　209

價值之總額究竟幾何。換一句話說,這項證明是成立於貨幣在作爲流通工具之機能以外所營行着的一切其它的機能之看脫。所以像在和波商奎辯論時,那在價值符號因數量而跌價的現象之下完全超脫不掉的李嘉圖,一被逼到緊迫處,便逃遁到獨斷的放言[1]。

假如李嘉圖就像我們這兒所敍述着的一樣,不導入諸多具體的關係與離開本題的諸多附隨事件,抽象地便把這種學說訂立了出來,那他的學說之空疏是有目共睹。但他把全體的論述塗上了國際的色彩。然而這是很容易證明的,外觀上的規模宏大無改於其基本觀念之可憐。

第一個定說自然是:流通着的金屬貨幣之量是正常的,假如這量是規定於流通着的商品們之於其金屬價值中所評定着的價值總額。國際地表現時是這樣說:在流通之正常狀態中各國都有一種與其財富與其產業相適應的貨幣之數量。貨幣在一種與其實際的價值或其生產費相適應的價值之中流通;那是說貨幣在一切的國度中都有同一的價值[2]。

(1) Bavid Ricardo: :"答覆波商奎氏之實際的檢討",第49頁。"俟着貨幣之增加或減少之比例,商品於其價格上會有漲有跌,我斷定這個事實是無可反對的餘地。"

(2) David Ricardo:"金塊之騰貴"。"貨幣在各國中所都應得有同一的價值", 第4頁。在他的經濟學中李嘉圖把這個定說修正了,但其所以在這兒貨幣決不會有由甲國向乙國的輸出或輸入[1]。就這樣在種種不同的國度之"通貨"（流通着的貨幣總額）之間是有一種平衡成立着的。國民的"通貨"之正常的水準現在是表示爲"通貨"之國際的平衡，而實際上不外是說，國民性於一般的經濟的法則毫無影響。我們在這兒又和在前面的一樣逢着了致命的血道。那正常的水準是怎樣擾亂了，用目前的話來說，"通貨"之國際的平衡是怎樣擾亂了，或是貨幣何以不再於萬國有同一的價值，或者最後貨幣何以於每一國中不再有其固有的價值？在前正常的水準之所以被擾亂，是因爲商品之價值總額不變時，流通着的貨幣之數量，有增有減又或因商品之交換價值有漲有跌，而流通着的貨幣之數量不變，現在這國際的由金屬價值本身所決定的水準之遭了擾亂，是因爲一國中所現存着的黃金以國內有新發現的礦山而增殖了[2]，或是因爲在特殊一國中流通着的商品們之交換價值之總額是有了增減。在前貴金屬之生產，準依着使"通貨"收縮或膨脹，且相應地以使商品價格低落或提高之必要上，可以減少或增加，現在是由甲國向乙國之輸出或輸入在發揮着同樣的作用。在價格騰貴了而黃金之

修正的方法不足以勤搖此處的論斷。

(1) 前書，第3—4頁。

(2) 前書，第4頁。

價值因流通膨脹之結果低落到它的金屬價值以下的國度裏，黃金和其他各國比較起來是會跌價，結果是商品之價格和其它各國比較起來是會增高。這樣黃金便會輸出，商品便會輸入。假如〔情形〕相反，則〔結果〕亦相反。在前是黃金之生產，現在是黃金之輸入與輸出，與同隨伴而起的商品價格之騰貴與低落之繼續，繼續到，如在前金屬與商品間正常的價值比例之恢復一樣，現在是國際間的"通貨"平衡之恢復。在前一項的情形中黃金生產之增加或減少，只是因為黃金在其價值之上或其下，現在這黃金之國際的移動也只是由這個原因生出。在前一項的情形中黃金生產中之每一種變化會影響到流通着的金屬之量因而會影響到價格，在現在是國際的輸入與輸出。金與商品之間的相對的價值乃至流通工具之正常的數量只要一恢復了，在前一項的情形中不會再行生產，在後一項的情形中不會再行輸出或輸入，除掉是為補充消磨了的鑄貨，為滿足奢侈品製造之要求。所以結果是，"輸出黃金以交換商品之企圖，即是所謂不合算的貿易，除由流通工具之數量膨脹而外，是決不會起來的[1]。"金屬之輸入或輸出所由以引起的，只是由於流通工具之數量之超過於其正常的水準或低落於其下的膨脹或收縮所由起的金屬之

(1) "一種不合算的貿易除因通貨膨脹而外決不會發生的"。(Ricardo, 前書，第11, 12頁。)

跌價或增價²。更推進一層便是：因在前一項的情形中的金之生產之增多或減少，在後一項的情形中的金之輸入或輸出，只是因為金之數量超過或低過於其正常的水準，因為超過或低過於其金屬價值而增價或跌價，也就是商品價格之太高或太低，所以每一種這樣的運動都在發揮着調整劑之功用¹，這樣的運動〔即金之生產之增減與金之輸入或輸出〕由流通着的貨幣之膨脹或收縮使價格恢復到真正的水準，在前一項的情形中是黃金價值與商品價值間之水準，在後一項的情形中是"通貨"之國際間的水準。換言之：貨幣在各種各樣的國度裏流通只是限於在每一個國度裏均作為鑄貨而流通。貨幣只是鑄貨，在一個國度裏現存着的黃金之量因而必然要躋入流通，也就是能夠作為它自己本身的價值符號超過或低過於其價值。以此我們經由着這國際的錯綜之迂路算又平安無恙地走囘到構成着出發點的簡單的臆說。

李嘉圖是怎樣武斷地把實際的現象曲解着以適合於自己的理論，可以舉出二三的實例來證明。例如在 1820 年至1820年的期間英國境內所屢次發生的凶歲期中，他主張着說，黃金之被輸出，不是因為穀品之需要，與黃金是貨幣，所

(2) "鑄貨之輸出由其價廉而起，非是不合算的貿易之結果，乃是其原因" 前書，第14頁。

(1) 前書，第17頁。

以在市場上常常是有效的購買工具和清付工具，而是因爲黃金對於別的商品們跌落了自己的價值，結果是凶收所在的該國度之"通貨"比較起別的國度的"通貨"是跌了價。就是因爲凶收減少了流通着的商品之數量，所以流通着的貨幣之所與的數量超過其正常的水準，因而一切的商品價值也就增高起來 1。和這種詭譎的解釋成反對的是統計上已

(1) Ricardo, 前書, 第75頁。"英國，因爲凶收之故，會走到這樣的情形之下，就如像某一國被人把其商品之一部分剝奪了，所以，需要着流通媒質之減少了的數量。在前與清付平準的通貨到現在成爲過多，且按照生產減少之比例而成爲相對地廉賤。於是，這一筆數之輸出會使通貨價値回復到與其它各國的通貨之價值相等。"他把貨幣與商品混同，又把貨幣與鑄貨混同，滑稽地表示在下列的定說中："假如我們能夠假定，在一次凶收之後，英國得到一個機會要多量地輸入穀物，而別的一國雖有多量之穀物，但決不需要其它任何之商品時，那麼無疑問地是這樣的一國決不輸出其穀物以交換商品；但也決不會輸出穀物以交換貨幣，何者，因貨幣之爲商品也，無論何國均無絕對的需要，僅相對的而已。"前書，第 75 頁。普序金(Puschkin)在他的英雄詩裏，把他的英雄是父親敍成爲不知商品是貨幣的人。但貨幣之爲商品，則俄國人是從古以來所知道的，不僅1838—1842年間英國之穀物輸入這樣表示着，便是俄羅斯的全部商業史都這樣表示着。

經證明着,自從1793年以來至最近的時期,在英國之凶收情形中,流通工具之現存的分量並未膨脹,反而是不足,所以貨幣是比以前流通得更多,而且也是不得不流通的[1]。

李嘉圖在拿破崙的大陸條例和英國的封鎖令時代同樣的主張着,英國有金輸出大陸而非商品者,乃因英國之貨幣比較起大陸諸國之貨幣價值低落,所以英國之商品在價格中較高,輸出金而不輸出商品,是一項更有利益的商業投機。依他看來英國是商品貴而貨幣賤的市場,而在大陸則商品賤而貨幣貴。"事實是",一位英國的著作家說,"在過去六年間的戰爭期中,在大陸條例底影響之下,英國製造品與殖民地生產品之價格低落到破產的程度。例如糖與咖啡之價格,大陸方面在金中的評價,比英國方面在銀行紙票中的評價要高過四五倍。這時候法國的化學家發明了甜菜糖,在用齊蒿代替咖啡,而同時英國的人民正在經驗着以蜜汁和糖水喂牛,這時候英國佔領了赫里哥蘭島,假使可能時,想把這兒做成堆棧,以便於向歐洲北部之密航,這時候英國製造品中之輕質者正找着由土耳基向日耳曼的出路。……差不多世界上之全部的商品都堆積在英國之貨棧中,它們被鎖閉

(1) 參照 Thomas Tooke:"價格史"與 James Wilson:"資本‧通貨‧與銀行"。(後書乃1844年;1845年與1847年"倫敦經濟家"中所登錄的論文之集錄。

資本一般

在那兒,僅除掉少量的存品是得到法國的允許證得以放行,為這允許證怕那漢堡與阿姆斯坦的商人向拿破崙獻了四五萬鎊的這樣一筆大款。他們發了這樣一筆大錢為要得到一船貨由貴價的市場運到賤價的市場之允許……那他們一定會是奇怪的商人了。商人所得到的表面上的選擇是甚麼呢?……是用銀行紙票收買6便士一鎊的咖啡,運送到立刻可以賣成現金三先令或四先令一鎊的地方,還是用銀行紙票收買五金鎊一盎斯之黃金,而運送到一盎斯可以收受到3金鎊17先令10½便士的地方。……要說以黃金代替商品而被輸出是有利的商行為,那不消說是奇妙絕頂的說法。……在當時世界上沒有一國像在一英國一樣,以一盎斯金能夠得到這樣多量的欲購的商品。……波拿伯(即拿破崙)不斷地在檢查着英國的價格一覽。……凡在他看見在英國之黃金貴而咖啡賤時,他滿足着他的'大陸條例'是收着成功的。"[1] 正當李嘉圖把他的貨幣論方才定式化,金塊委員會把那理論具現在國會報告書中的時候,就在那1810年,英國一切的商品比較着1808年與1809年,在價格中來了一次破產的暴落,而黃金則相應着騰貴了。農產物形成着減少,因為由國外的輸入受了阻礙,而國內的存品又因凶收而減殺[2]。李嘉圖完

(1) James Deacon Hume: "論穀物條例之書簡集" 倫敦1834年,第 29—31頁。

全不了解貴金屬作爲國際的清付工具的之任務，他在上議院委員會上(1819年)受着咨詢時公然這樣說："那金之輸出只要現金支付一恢復時便可以停止，通貨會恢復到它的金屬的水準。"他萬幸地是死在1825年恐慌暴發之前夜，那證明了他的預言全屬子虛。

李嘉圖在發揮著作的能力的時期，在觀察作爲世界貨幣的貴金屬之機能上，一般地是不很適當的。在大陸條例施行之前，貿易決算差不多常常是英國有利，其在施行期中則歐洲大陸之商業交易實甚微微，不足以影響於英國的匯兌行市。匯兌大體上都是帶着政治上的性質的，李嘉圖好像全然不曾理解得在英國的金輸出期中支給補助金一事所演的脚色[1]。

在李嘉圖之同輩中，那擁護着他的經濟學之原理而構成着一個學派的，以吉姆司·彌爾(James Mill)最爲重要，他企圖着想把李嘉圖之原理由單純的金屬的流通之基礎上來說明，不提到那不相屬的國際間之諸多錯綜，李嘉圖想在其背後以隱藏着自己的見解之薄弱的，他不提到關於英倫銀行之運用上的一切爭論的顧慮。他的主要論點如下：[2].

(2) Thomas Tooke: "價格史"，倫敦1848年，第110頁。

(1) 參看前引 W. Blake: "由政府支出所生出的諸結果之觀察種種"。

(2) James Mill: "經濟學原理"。引用係由 J. T. Parissot 之法譯本

"貨幣之價值云者,在這兒是解爲貨幣與別的商品們相交換的比率,或是貨幣與一定量之別的商品們相交換的數量。……這種關係是決定於每一國中所存在着的貨幣之總量。我們如假定一國中之一切的商品站在一面,其一切的貨幣又站在另一面,那嗎在兩方面相交換時,貨幣之價值,卽是貨幣所用以交換的商品之量,完全依存於貨幣所固有的數量,這是顯明的。這個情形在事物之現實的狀況上完全是一樣。一國中的商品之總額不是整個一次地對於貨幣之總額作交換,而是在一年之中種種不同的時期上,商品們部分地在交換着,且常是很小的部分。同一片的貨幣,今天用於這一次的交換,明天又可以用於別一次。貨幣之一部分用於交換之次數極多,別一部分極少,第三部分乃被儲蓄起來而全不用於交換。在這種種變相之中生出一種平均交換次數,假如全部的貨片都行着相等的次數,那每一個貨片所行的次數自然相等;那種平均次數我們是可以任意置換爲何數的;譬如我們就置換爲十。每一個在國中所存的貨片假如用來作過十次的購買,那嗎儼然就和那貨幣之總額增加了十倍,而每一片只用來作過一次購買的一樣。在這個情形裏面全體商品之價值等於貨幣價值之十倍。……假如反對地,非以每一片貨幣於每年行十次購買,而是貨幣之總額增加十倍,

(巴黎1823年)所重譯。

每一片貨幣只交換一次，那麽在總額上所加的分量，在每一片上便會引起一個比例的價值之減少，這是明白的。因爲我們是假定着，貨幣所兌換的一切商品之數量不變，所以貨幣總額之價值在它分量增加之後，比未增前不能更大。我們假定着是增加了十分之一，那麽總額之每個可除盡的細分，例如一盎斯之價值，必然要減少十分之一。就這樣貨幣總額之減少或增加儘管是有怎樣的程度，假如別的品物之數量不變，那麽這總額與其每一部分是交互地形成比例的減少或增加。此語明白地是絕對的眞理。無論何時貨幣價值假如是增高了或減少了，而人們所能用以交換的商品之數量及流通之運動並沒變更，那麽這貨幣價值之變化必當基因於貨幣之比例的增加或減少，而不能歸之於別種的原因。假使商品總額減少，而貨幣之數量不變，那麽就好像貨幣之總額是增加了的一樣。反過來說也是一樣。相類似的變化是流通速度中之變化所產生。流通次數之增加，與貨幣之總額增加所產生的效果相同；次數之減少則直接地產生出一種反對的作用。……假如生產年額之一部分完全不見交換，例如是生產者所自行消費之物，那麽這一部分是不算數的。因爲它沒對貨幣交換，所以說到貨幣上來，它儼然是了未存在的一樣。……無論何時貨幣之增加與減少能自由出現時，在一國中所現存的貨幣之總量由貴金屬的價值所左右。……但是金與銀是商品,其價值,如一切其它的商品之價值,是決定於其生產費即在金銀中所含有勞動之量[1]。"

彌爾之全部的聰明發揮為一長串隨意而又無聊的假定。他想要證明,商品之價格或貨幣之價值是決定"於在一國中現存着的貨幣之總量"。我們如假定着,流通着的商品之數量與交換價值不變,流通速度與由生產費所決定着的貴金屬之價值同一不變,同時又假定着流通着的金屬貨幣之量依然比例着一國中所現存的貨幣之總額而增減。那嗎實際上我們是把想要證明的東西,預先假定着了,這是"顯明"的。彌爾更且與休謨陷在同樣的錯誤,他使之流通的是使用價值,而非有一定的交換價值之商品,所以我們就容認他的一切"假定",他的定說也是誤謬的。流通速度可以不變,貴金屬之價值,流通着的商品之數量,也可以不變,而這流通着的商品之數量依然可以隨着商品交換價值之變化在其流通上時而是需要着較多的貨幣總額,時而又需要着較少的。彌爾是看見了這個事實的,便是在一國中現存着的貨幣,有一部分在流通,而別有一部分是在停頓着。仗仰着一個滑稽到萬分的平均之算計,他假定着說,雖然在現實上是兩樣,而在眞理上則現存於一國中的貨幣,一切都在流通。假定有一千萬塊銀元在一國中一年流通兩次,那嗎每個銀

(1) 前揭書第128--135頁數見。

元假如只流通一囘,則可以容兩千萬銀元的流通。又假如一國中所有各種形態的銀貿之總額計算起來有一萬萬元,那嗎我們可以推想着這一萬萬元是能夠流通的,假如每一個銀元每五年流通一次。我們也可以推想着,一切世界上的貨幣都在漢普胥特德(Hampstead)流通,但是那每一個可除盡的細分,不是一年流通三次,而是三百萬年流通一次。這一個假定,在商品價格之總額與流通工具之數量間的關係之決定上,是和別的假定一樣重要的。彌爾覺得,在他斷然重要的是要把商品不是和流通中現存着的金量,而是和每次在一國中所現存着的全部存品,直接地連絡起來。他承認,一國商品之總額"不是整個一次地"對於貨幣之總額作交換,而是種種部分的商品在一年之中的種種時期對於種種部分的貨幣作交換。爲要除去這種障礙,他假定着說那是不存在的。此外所有關於商品與貨幣之直接的對立上與其直接的交換上之整個的觀念,是由單純的購買與販賣之運動或作爲購買工具的貨幣之機能中所抽象出來。在作爲清付工具的貨幣之運動中,商品與貨幣之這種同時的顯示,是已經消滅了。

十九世紀中的商業恐慌,特別是1825年與1836年之大恐慌,於李嘉圖之貨幣論並沒喚起若何進展,而却喚起了新的應用。那不再是單獨的經濟的現象,如像十六世紀與十七世紀中的貴金屬跌價之於休謨，或十八世紀與十九世紀初頭的紙幣跌價之於李嘉圖，而是大規模的世界市場之暴風雨，在此中有產者的生產過程之一切的要素間之矛盾暴露了出來，其原因與其抵禦，是在這個過程之極膚淺的極抽象的領域內，即貨幣流通之領域內，被探討着的。經濟的風雨師之一派所由以出發的那獨特的理論上的前提，實際上不外是成立於這個臆說，即是說李嘉圖發現了純金屬的流通之法則。所留給他們做的事情，便是使信用流通或銀行紙票流通適合於這項法則。

商業恐慌之最普遍最明白的現象，是在商品價格之長期的一般的騰貴之後，繼之以突然的一般的跌落。商品價格之一般的跌落能夠表現為貨幣之對於一切的商品上的相對的價值中之騰貴，反之，價格之一般的騰貴是可以表為貨幣之相對的價值之跌落。現象表現於兩種表現法中，而未得到說明。我就算把問題這樣提出：試說明與價格之一般的低落交替地發生的價格之一般的週期的騰貴，或者把這同一的問題定式為：試說明貨幣在與商品們比較上的相對的價值之週期的低落與騰貴，這些語法使問題並無變更，就好像從德文翻譯成英文的一樣。所以李嘉圖之貨幣論在對於因果關係之皮面上賦與以同義語返復，在這一點上是很不尋常的。商品價格之週期的一般的低落是從那兒來？是從貨幣之相對的價值之週期的騰貴。反之那商品價格之一般週期的騰貴是從那兒來？是從貨幣之相對的價值之週期的低落。像這樣儘可以說，價格之週期的騰貴與低落，是由於它自己的騰貴與低落。問題本身是立在這樣的前提之下，便是貨幣之內的價值，那是說它的由貴金屬之生產費所決定的價值，是一成沒變。假使要說這同義語返復是超出了所謂同義語返復以上的，那可是基因於初步的概念之誤會。假使在B中測量着的A之交換價值是跌落了，那嗎我們知道，這低落可以由A之價值之低落而起，也可以由B之價值之騰貴而起。假如在B中測量着的A之交換價值是騰貴了，那恰好是反對。同義語返復如一旦可以轉化爲因果關係，那其它的一切便毫無困難了。商品價格之騰貴是發生於貨幣價值之低落，但貨幣價值之低落，如我們已從李嘉圖領教過來的一樣，是發生於過多的通貨，因而也就是說，流通着的貨幣之數量是超過了由它本身內在的價值與商品內在的價值而定的水準。恰成正反地是商品價格之一般的低落發生於貨幣價值以通貨缺乏之故而超過其內在的價值。就這樣價格之週期地騰漲與低落，是因爲貨幣之流通週期地太多或太少。假如價格之騰漲是關聯着貨幣流通之減少，而價格之低落是關聯着貨幣流通之增多，這在現在就算是得到了證明，但儘管那樣也可以主張着說，因爲有某一種，雖然在統計上是完全不能證明的流通着的商品總額之減少或增加之結果,流通着的貨幣之量雖然不是絕對地而會是相對地被增多或減少。我們現在是明白的,依照着李嘉圖說來,這價格之一般的動搖在純粹的金屬流通時也是不能不存在的,但由其代償作用而相平衡了,例如缺乏的通貨喚起商品價格之低落,商品價格之低落喚起商品向外國之輸出,而這輸出又喚起貨幣向國內之輸入,而這貨幣之輸入又喚起商品價格之騰漲。反過來在流通繁劇的時候,那時則商品輸入而貨幣輸出。儘管這些一般的價格動搖是由李嘉圖式的金屬流通本身之性質所迸出的,但因它們的急劇的形態,它們的恐慌形態,是屬於發達了的信用制度之時期,所以銀行紙票之發行並非嚴密地準據着金屬流通之法則而受規制,這是明如觀火。金屬流通在貴金屬之輸入與輸出中有其解救劑,貴金屬立卽作爲鑄貨而踱入於流通,故由其輸入或輸出使商品之價格低落或騰貴。在商品上作用着的這種同一的作用,現在當依着金屬流通法則之摹倣人工地由銀行喚發起來。黃金如由國外流入,那是證明着通貨短缺,貨幣價值太高,而商品價格太低,因而銀行紙票不得不比例着新輸入的黃金而被投入於流通。反之則不得不比例着金之輸出,而從流通中引退,換言之,銀行紙票之發行必當依據着貴金屬之輸入與輸出,乃至依據着匯兌行市而調制。李嘉圖之錯誤的前提,謂金只是鑄貨,故一切輸入的金使流通着的貨幣增加，因而使價格騰貴，一切輸出的金使鑄貨減少，因而使價格低落，這個理論上的前提在這兒成為了實際上的實驗，便是無論何時有多少黃金存在，即有多少鑄貨流通。奧沃斯通卿（銀行家 Jones Loyd.），突倫士上校，諾爾曼，克萊，亞伯斯諾特，以及其它無數的著作家，在英國一般稱為"通貨主義"（"currency principle"）學派的，不僅擁護着這項信條，而且利用着1844年和1845年爵士羅伯池，皮爾銀行條例竟使之成為了英吉利與蘇格蘭的現行銀行主法之基礎。在最大的國家的規模施行了實驗之後，這樁教義在理論上與同在實際上之可恥的失敗，要在信用論中纔能敍及 1。但我們也充分可以看到，李嘉圖之

(1) 在1857年那一般的商業恐慌爆發之前數月。下議院設置了一個委員會，要調查1844年與1845年的銀行條例之影響。奧沃斯通卿，這項法令之理論的父親，在這委員會上之開陳中吐出下列的自負語："由於嚴密地敏捷地奉行着1844年的條例之原則，凡事均整飭而平易地進行着；金融制度安穩而無動搖，國家之繁榮無半點疑慮，對於1844年的條例之賢明，一般公衆的信賴是日益加強；假如本委員會對於該條例所根據的原則之健全，或其所招致的有利的結果，想求更進一層的實證時，對於本委員會的真誠而充分的問答是，請諸君向周圍瞻望；瞻望本國目前的貿易狀況，瞻望人民之滿足；瞻望那浸潤着社會全階級的富厚與繁華；在觀察了之後其次是，本委員會

理論，這把貨幣在其作爲流通工具之流動的形態中孤獨化了的，結果是認定貴金屬之滿潮與干潮對於有產者的經濟有絕對的影響，這是貨幣學派之迷信家們所從不曾夢想到的。就這樣認紙幣爲貨幣之最完成的形態的李嘉圖，竟成爲了金塊主義者之預言師。

在休謨之學說，卽對於貨幣學系之抽象的對立，就這樣一直發展到最後的歸結之後，司徒瓦特對於貨幣之具體的把握終而由安默司·杜克（Thomas Tooke）又恢復到它的正位[1]。杜克不是從一種甚麽學理導引出自己的原則，而是從1793年至1856年間的商品價格史之嚴密的分析導引出來的。在他1823年出世的價格史之第一版中，杜克還完全爲李嘉圖之學說所囚，枉自費力地力圖以事實牽就學說。在1825年的恐慌之後所出版的，他的小册子"論通貨"，甚至可以看成後來由奧沃斯通賦與了法效的那諸多見解之最初的

> 可以公平地來判斷，對於展開了這許多效果的一項條例之機續，是否應該加以干涉。" 就這樣在1857年 7 月14日奧沃斯通自己吹了自己的喇叭；在同年十一月12日國務院却不能不負着自己的責任，把那堂哉皇也的1844年的條例停止了。

(1) Tooke 是全不知道有司徒瓦特之著書的，看他 1848年出版于倫敦的 "自1839年至1847年之價格史"，卽可明瞭，在該書中他有貨幣學說史之撮述。

綜合的敘述。但是商品價格史之繼續的探討逼着他不能不達到這樣的見解,便是學說所前提着的,那種介在於價格與流通工具之數量間的直接的關係,是一種純粹的空想,〔其次是〕在貴金屬之價值不變時,流通工具之膨脹與收縮時常是價格變動之作用,而決非價格變動之原因,〔又其次是〕貨幣流通一般地只是第二義的運動,〔最後是〕貨幣在實際的生產過程中於作爲流通工具之外還有種種完全不同的形態。他的諸多研究細目是屬於別的一種區域,在這單純的金屬流通以外,因此在這兒還不能夠展開,還有和這方向相同的衞爾孫(Wilson)與佛勒通(Fullarton)二氏之諸研究也是一樣1。舉凡這些著作家對於貨幣非是單方面地去把握,而是在其種種不同的要素中去把握,不過只是資料地,而無甚有機的聯絡,在這些要素彼此間是這樣,在對於經濟的範疇之全體系上也是這樣。所以他們把有異於流通工具的貨幣誤與資本相混,有時甚至誤與商品相混,雖然他們在另一方面又受着逼迫,時而不能不把貨幣對於二者之差異顯

(1) 杜克最主要之著作,除他的共事者紐馬克 (Rewmarch) 編爲六卷出版的"價格史"之外,是"通貨原理之探討・論通貨與價格之關係",第二版。倫敦1844年。衞爾孫之著書在前曾經徵引。〔譯者案:見214頁脚註。〕最後當揭擧出 John Fullarton: "論通貨之調節",第二版,倫敦1845年。

示出來 [1]。例如黃金如被送往外國，則實際上是資本被送往外國，但是假如鐵，棉花，穀品，簡言之即任何商品之被輸出，其結果也是同樣。兩種都是資本，因而兩者之區別不是在作為資本上的，而是在作為貨幣與商品上的。作為國際的交換工具之黃金的職分，就這樣不是發生於其作為資本的形態規定，而是發生於其作為貨幣的特殊的機能。同樣假如貨幣，或代替貨幣之銀行紙票，作為清付工具而在國內的

(1) "作為商品的黃金，即是資本，與作為流通工具的貨幣，是不能不區別的"。(杜克："通貨原理之探討"第10頁。)

"金與銀在它們到來時，你可以期待它們實現出那所當供給的將近正確的數額……金與銀比較起其它任何名義的商品來，有一種無限的特長……由於它們是普遍地用為貨幣的這種情形。……無論是國外或國內，負債之清付上通常所契約着的，不是茶葉與加啡，沙糖或藍靛，而是鑄貨；所以匯兌形式，無論是指定着要的鑄貨，或是匯去之後由該國的造幣局或市場立即便可以鑄為貨幣的金塊，總得常常給與匯兌者以最確實的敏速的而且正確的手段以達成此目的，而免掉去冒犯由需要之缺乏或價格之變動而生的失望之危險。"(佛勒通，前書第132，133頁。)

"無論何種別的商品(除掉了金與銀的)在分量上或者品質上都不免會超過所匯往前途的該國之通常的需要之外。"(杜克："通貨原理"。)

貿易中發生作用時，它們同時也是資本。但是在商品形態中的資本，例如在恐慌期中瞭如指掌地顯示着的一樣，是不能夠代替它們的。所以那又是在說黃金之所以成為清付工具者，是作為貨幣上金之有異於商品處，不是其作為資本的存在[1]。就是資本直接作為資本而被輸出的時候，例如附以一定的價值額之利息而借與外國，在這時是以商品形態輸出，還是以貨幣形態輸出，都要看情形而定，假如是以貨幣形態輸出，那是由於與商品對立地作為貨幣上的貴金屬之特殊的定形而起。總之那幾位著作家們對於貨幣總不在其抽象的姿態內去觀察，那抽象的姿態是在單純的商品流通中展開着，而由過程着的商品們之關係本身發生出來的。所以他們總常常動搖着，在這貨幣與商品對立着所得到的抽象的諸多定形，與那包藏着具體的諸關係，如資本，收入，等等的，諸多定性之間。

(1) 貨幣向資本之轉化，我們將在第三章中考察，這章當討論資本。形成着這第一編之終結●

導論

生產一般

當前的對象,首先是物質的生產。

在社會中生產着的個人們——因而個人們之社會地規定了的生產,自然是出發的基點。亞丹斯密(Adam Smith, 1723—1790)與李嘉圖(David Ricardo, 1772—1823)用以開端的那種離羣索居的獵夫與漁師,是屬於十八世紀之乾燥無味的想像。那是些魯濱孫飄流記,那所表示決不如文化史家所想像的,單是一種對於文化過度的反抗和向疏誤了的自然生活之復歸。那和盧梭的"民約論"(Contract Social)不同,不是立足在這樣的一種自然主義上的。"民約論"是以本來獨立的個體由契約以發生關係而結合。這正是大小的

2　政治經濟學批判

魯濱孫飄流記的幻想,且只是美的幻想。亞丹斯密與李嘉圖之獵夫與漁師,却實是自十六世紀以來已經培存着而到十八世紀便一躍而達到成熟之域的,那"有產者的社會"之先聲。在這種自由競爭的社會中,單獨的個人好像是脫離了自然束縛及其它的羈絆,這些羈絆在前幾期的歷史階段中是把個人束縛在一種限定了的人的集團裏的。這種十八世紀之個人——這是一個成果,一方面由於封建社會之解體,另一方面是由於十六世紀以來新發展了的諸生產力——而在亞丹斯密與李嘉圖所特出一頭地的,那些十八世紀的預言者們看來,就好像是先天存在着的理想。不是認為一種歷史的成果,而是認為歷史之起源。

因為這種個人很像合乎自然而與彼輩所抱的人性之觀念〔相合,所以那看來〕不像是一種歷史地長成者,而是本來就有的。這種錯覺在歷來每個新的時期上都所特有。施丟瓦特(Steuart)在種種方面和十八世紀對立是以貴族的態度更多多站在歷史的立場上的人,便把這種淺薄的毛病免掉了。我們向歷史中之追遡愈深,則個人,因而也就是非獨立的生產着的個人,愈見是附屬於一個更大的總體:最初是極自然地屬於家族,屬於發展成為了種族的家族;繼後是屬於由種族之抗爭與融合所生出的種種形態之集團。到了十八世紀,在這"有產者的社會"中,各種社會的關係之種種形

導　論

態,對於單獨的個人,才成為了為他私人目的的單純的手段,才成為了外在的必然。但是這個時期,這把單獨的個人之立場製造出了的,正是歷來最發達的社會的(由這個立場而言是一般的)諸關係之時期。人是真正如字面所表現的 zoon politikon（政治的動物）,不僅是一種社會的動物,而且是只有在社會中才能單獨化的動物。在社會外的單獨的個人之生產——這是在動態中已經具有諸種社會力的文明人偶然被飄流到絕境時所能有的一種意外事——就如言語發展之不待有共同居住共同說話的人一樣,是同等的不通。這些是無庸多作糾纏的了。本來這種在十八世紀的人們是有道理有意義的陋說,假如沒有被白斯謙特(Bastiat),嘉烈(Carey),蒲魯東(Proudhon)等又懇摯地引進了經濟學裏來,那實在是值不得談到的。在蒲魯東及其他的人昧於經濟關係之歷史的生成,他們自然會把那起源用歷史哲學的方法去敍述,即是神話化,如亞當(Adam)或普羅美特士(Prometheus)在觀念上是已經固定了,完成了,於是便被人引用之類。比這種空幻的 locus communis（俗見）再無聊而乾燥的東西,絕對沒有。

所以凡是說到生產上來,那所說的總是在某一個社會的發展階段上的生產——是社會的個人們之生產。那嗎凡是論到生產時,就好像應該在種種不同的表相中去追溯那歷史的發展過程，或則應該聲明，所論的是某一個歷史的時期，就譬如是近代的有產者的生產，這實際上是我們的本題一樣。但是生產之一切時期有些標記是共通的，有共通的各種規定。生產一般是一個抽象，但在它實際地把共通點舉出，固定，為我們把重複省去了的範圍內，是合理的抽象。因為共通點，或由比較而提挈出的通性，在其本身是一種複合的多樣性，可向種種不同的規定中輻射。其中有幾種是屬於一切的時期，又有別的是共通於幾種時期的。有好些規定共通於最近之現代與同最遠之古代。那些假如沒有，便沒有生產可以着想；但如最發達的語言與最未發達者有諸種律令和規定是共通的一樣，而所以形成其發達的，却正是這種共通點和通性以外的差別。汎應於生產上的諸種規定，正是應該甄別的東西，以免拘於一如而忘却了本質上的差別，這由客觀與主觀上已經是表明着的，人總常是主觀，物總常是客觀。例如近代經濟學家之全部智識便是橫陳在這種忘却之中，他們要證明既成的社會的諸關係之悠久與和諧，例如說無生產工具則無生產之可能。儘管那生產工具還只是在用手，無過往堆積的勞動則無生產之可能，儘管這勞動還只是在野蠻人的手中由反復的練習所湊成所集中的嫻習。就中如資本也是生產工具，也是過往的客觀化了的勞動。所以資本便是一種普遍的永恆的自然關係；那是說假如我剛好是把那種差別性除去了,那使"生產工具","堆積着的勞動"之所以成爲資本的差別性。所以生產關係之全部歷史,例如在嘉烈看來,便是認爲由歷代政府所惡意地釀成了的改惡。

生產一般（通性）如不存在,則一般的生產也不存在。生產總常常是一種特殊的生產部門,或者是一個總匯——例如農業,牧畜,製造業等等。但是經濟學不是同義語的反復。在某一個旣定的社會的階段上生產之一般的規定對於特殊的生產形態之關係,〔隨後〕當於別處敍述。

最後是生產亦非只是特殊的（按此下常略去了"生產部門"一語——譯者）。反而生產總常常是某一種社會體,一種社會的主體,那是在諸種生產部門之一種或大或小的總匯中活動着的。科學的敍述對於實際的運行上所有的關係,也還不好在這兒敍述。〔所以我們是須得分別〕生產一般,特殊的生產部門,生產之總匯。

經濟學之通例,是先把總論敍在前面,總論所敍述的便是所謂"生產論"（請看約翰•彌爾）,在此中便論述着一切生產所共通的諸條件。

這總論是成立於或者以爲是成立於

1. 無之則無生產之可能的諸條件,所以那在實際上不外是一切生產之最基本的要素。但實際上我們是可以看出,那是歸納成爲幾個極簡單的規定,在平凡的同義語中敷衍

6　　　政　治　經　濟　學　批　判

出來的；

2.有之則多少可以促進生產的之諸規定，例如亞丹斯密之〔所議論着的〕社會狀態之進展與沉滯。

在他自己以爲是妙想天開的東西，爲要賦與以科學的意義，對於各個民族之發展中生產本領程度之諸種時期之研究，曾是必要的——這種研究是在本題的範圍之外，只有在論到流通，積蓄等過程時，才可以放入本題。在一般的見解上對於一般性之解答，是以爲某種產業的民族，在其一般地達到歷史上的最高點時，其生產之最高點卽在於此。但或則以爲例如有某某種種族素質，氣候，自然關係，如離海遠近，土地之膏腴等等，其有利於生產較他種民族爲優。那又跑到同義語反復上來了，卽是說財富之原素主觀地與客觀地均高度的存在時，財富在程度上更容易造出。實際上〔我們所知道的是〕，一種民族之產業的最高點，是在該民族尙未以利得爲其重心，而是以得利爲其重心的時候。在這個範圍內洋記(美國人)是在英國人之上。

但是這點對於經濟學家們，還不是在總論中敍述着的全部。生產倒甯是——請參看彌爾——和分配不同，作爲限定在與歷史無關的自然法則中而敍述着的，在這個機會上玩了一個戲法，有產者的諸關係便完全置換成了抽象上的社會之不可干犯的自然法則。這正是這全部手筆上所或深或淺地意識着的目的。而在分配上則說是人們實際上是敢於爲所欲爲。這樣把生產與分配在其實際上的關係橫暴地分離割裂,我們可以暫時不論,但有件事理須得先行說明,便是分配在種種不同的社會階段上儘管會有怎樣的不同,如在生產中可以導引出種種共通的規定一樣,分配也可以一樣的辦到,也可以一樣的把一切歷史的差別混同,而溶解在一般的人性的法則裏面。例如奴隸,農奴,雇傭勞動者,在能維持其爲奴隸,爲農奴,爲雇傭勞動者之生存上,都得領受着一定量之食料。征服者之靠貢賦,官吏之靠稅徵,地主之靠地租,僧侶之靠施舍,牧師之靠十分稅,也都領受着社會的生產之〔一定量〕,然所依據的法則,與奴隸等等的不同。一切的經濟學家們在這個項目之下所設置的兩個要點是:1.財產,2.由司法與警察等的財產之保安。這可以簡單的解答如下:

第1.一切的生產是由個人方面在某種旣定的社會形態中且依以爲手段,對於自然物的佔有。在這種意義上,要說財產(佔有)是生產之一條件,那是同義語反復。但可笑的是,由這兒一跳,便跳到了某一種形態的財產,例如私有財產。(而且還有一種反對的形態,即是無財產,也是視爲條件的。)歷史所指示的,常是公有財產(例如印度人,斯拉夫人;古代克爾特人等)才是原始的形態,這種形態在所謂公家財業的形態之下還長久活演着的。財富在何種的財產形態之下才較易發展,關於這個問題,也全不在這兒的話下。但如說無財產形態存在處,即無生產之可言,亦即無社會之可言,那是一種同義語反復。並不佔有何物的一種佔有,是一個 contradictio in subjecto（自相矛盾）。

第2。財產之保安云云。這種陳腐的話頭假如還元到那實際的情況上去,那所宣說的比它們的說敎者們所知道的還要深切。即是說,每種生產形態製造其獨有的各種法律關係,各種政治形態等等。粗率和不通處是在把這有機的結合看成了偶然的相關,看成了單純的反射關係。在有產者的經濟學家們之眼目中,只覺得在近代的警察制度之下,比在腕權時代,要更便利於生產。他們却只忘記了,腕權也是一種權,強者的權在別種形態之下就是在他們的所謂"法治國"中是依然存續着的。

凡與某一個生產階段相應的社會的諸狀況在初成立時,或在方消逝之後,雖然有種種程度的不同和作用的不同,生產之阻撓是自會起來的。

約言之:其通於一切的生產階段之諸種規定,由思索作爲一般性而固定着了的,原本是有,但這所謂一切生產之一般的諸條件不外是這些抽象的要素,實際的歷史的生產階段絲毫不能由之而理解。

生產對於分配交換消費之一般的關係

在前進一步作生產之分析以前，須先行把經濟學家們所排比出的種種不同的項目，加以考察。極平明的觀念是：在生產中是社會成員把天產物適合（製出，形成）於人的慾望；分配乃規定個人在這生產上所依以領受着的比例；交換是替個人把分配所得的分量想去兌換的特殊的生產品帶來；最後在消費中是生產品化為享受之對象，個人的使用之對象。生產製出適應於慾望之對象物；分配則依據社會的法則而配分之；交換將已分配之物依個別的慾望而再分配；末了在消費之中生產物即離開社會的運行，直接成為個別的慾望之對象，之奉仕者，在享受之中使慾望滿足。所以生產顯示為起點，消費顯示為終點，分配與交換顯示為中點，這中點又自有兩重性，因為分配是由社會出發，交換是由個人出發的要因。在生產中人自客體化，在〔消費〕[1] 中物自主體化；在分配中社會在一般支配着的諸規定的形式之內執行着生產與消費間之媒介，在交換中社會則由個人之偶然的決定而媒介着。

分配乃規定 生產物 之依以歸於 個人的那種比例（分

(1) 原稿中作"Person"（人）。

量);交換則規定個人將其由分配所獲欲以置換的那些生產品。

　　生產,**分配**,**交換**,**消費**,就這樣構成一個規整的三段論式——生產是全稱,分配與交換是特稱,消費是個稱,全體在此中互相連貫着。連貫自然是一個連貫,但是是膚淺的。生產〔據經濟學家們看來〕是由普遍的自然法則所規定着的,分配是由社會的偶然,所以多少能夠促進生產:交換是作爲形式的(?)社會的運行介在於二者之間,消費之結局行爲,不僅作爲終點,而且是作爲目標的,除非在它對于出發點再行生出反作用,又從新把全個過程導引起來的時候,它本來是在經濟學的範圍之外。

　　經濟學家之反對者們——無論是在本學中或本學外之反對者——非難他們蠻橫地把全體的關係割裂了的,其實和他們是立在同一的立場或則還在其下。最普通的非難無過於是經濟學家們太專把生產看成了自我目的。在分配上也是同樣。在這種非難之根底上是橫陳着這樣個經濟的概念,便是分配是獨立無依傍的分野與生產並列。或則〔人們非難着他們說〕,各要素不曾在其統一之中把握。這就好像割裂非由實際竄入書本,反是由書本竄入實際的一樣,又好像所論的是理念上的辯證的修理,而不是實際的種種關係之理解。

導　論　11

A 生產直接的亦是消費。兩重的消費，主體的與客體的。個人，在生產中發舒其能力的個人，在生產行爲中，如自然的生殖是一種生活力之消費一樣，亦輸出其能力，消耗其能力。復次，產生是生產手段之消費，生產手段被使用，被消耗，部分地（例如在燃燒上）被再分解爲普通的原素。原料之消費亦然，原料不再保存其原有的形狀與性質，反甯是受了毀變。所以生產行爲本身在其一切的要素中也是一種消費行爲。但是這層是經濟學家們所承認的。經濟學家們把這生產之直接地與消費一致者，消費之直接地與生產相合者，稱爲生產的消費。這生產與消費之一致符合於斯賓諾若（Spinoza）之定說：determinatio est negatio（定者不定也）。但是這種生產的消費之所由設置，正是爲要使這種與生產一致之消費與本來的消費區別，本來的消費甯是作爲有毀滅性的敵對而把握着的。現在我們來觀察這本來的消費。

消費直接的亦是生產，例如在自然界中原素與化學的材料之消費乃植物之生產。試以食物爲例，食物是一種消費之形態，人於此以生產其軀體，這是顯明的；但於每項它種的消費上都是同樣，在一方面都是以某種或它種的形式在生產着人。〔這就是所謂〕消費的生產。但是，經濟學家們是稱這種與消費一致的生產爲第二次的，是由第一次的生產品之毀滅而產出。在第一次中生產者物品化,在第二次中物品者人化。所以這種消費的生產是——雖然它是生產與消費間之直接的統一——本質地和本來的生產不同。生產之與消費又消費之與生產於以相合的這直接的統一,同時亦不妨爲直接的二元。

所以生產直接的是消費,消費直接的是生產。各個直接的即其反對。但是同時在二者之間有一種媒介着的運行。生產媒介着消費,生產製造着消費之物質,無生產則消費缺乏對象。但消費亦媒介着生產,因爲生產品所期待着的主體,消費却爲之製造。生產品在消費之中纔得到最後的完成[1]。一條鐵路,如不運輸。自然便不消磨,不耗損,那只是含有可用性的(dynamei)一條鐵路,而在實際上則非是。無生產則無消費,但是無消費則亦無生產,因爲如無消費則生產爲無謂。消費雙重的產生着生產。

第一,因爲在消費之中生產品才成爲實際的生產品,例如一件衣裳要有穿着才成爲實際的衣裳;一座房子,不住人時,實際上不是實際的房子;所以生產品之所以爲生產品,有異於純粹的天產物者,只有在消費中才被證實。消費因使生產品解體,消費才給生產品以完成。因爲生產品之所以爲

(1) 原稿中在此處及下文每用英文"finish",今悉易爲"Vollendung"(完成)。

生產之物品者不只是作爲物品化了的操作，亦只是作爲對於操作着的主體之對象。

第二，消費產生着生產，因爲消費製造新的生產之慾望，也就是生產之觀念上的，內在的動機，這是生產之前提。消費製造着生產之衝動，消費也製造着在生產中規定爲目的而操作着的對象物。假如我們明白，生產是由外部提供出消費之對象，那我們同樣也可以知道消費是觀念地作爲內在的影像，作爲慾望，作爲衝動，作爲目的，而提供出生產之對象。消費製造着尚在主觀形態中的生之對象。無慾望則無生產。而消費則再生產着慾望。

準此，由生產而言，生產

1. 給消費[1]以物質，以對象。無對象之消費不成其爲消費，所以由這一方面而言，生產是生產着消費。

2. 但是生產替消費所製造的，不僅是對象物。生產給消費以其限定，以其性質，以其完成。如消費給生產品以其所以爲生產品者的完成一樣，生產乃給消費以完成。所謂對象物決不是汎汎的對象物，却是在某一種旣定的，由生產本身所再行媒介的方法中而被消費的，某一種旣定的對象物。飢餓是飢餓，但由烹調了的，用食叉食刀而食的肉類所滿足的飢餓，與用手用爪用牙齒而生吞活剝的飢餓不同。所以由生產

〔1〕原在稿中作 "Produktion"（生產）。

所產生的不僅是消費之對象，而且還有消費之方法，所以不僅是客觀的，而且是主觀的。所以生產是製造著消費。

3. 生產不僅給慾望以物質，而且也給物質以慾望。假如消費已由其原始的生吞活剝跨出了——還在這種狀態中的逗留也是在生吞活剝中限定著的生產之結果——，那麼消費本身在衝動上是由對象物所媒介著的。消費對於對象物所感受著的慾望，是由對象物之認識所造出。藝術品——其他生產品亦然——製造出一種有藝術頭腦和鑒賞能力的公衆。所以生產不僅爲主體產生出對象，而且爲對象也產生出主體。

所以生產是產生着消費，1. 因爲生產爲消費製造物質，2. 因爲生產決定消費之方法，3. 因爲生產在消費者心中把已將造成爲對象物的生產品作爲慾望而喚起著。所以生產是產生消費之對象，消費之方法，消費之衝動。同樣，消費是〔產生著〕生產者之素質，因爲消費把生產者作爲目的（？）（註）而鼓舞慾望。

所以消費與生產之一致顯然是有三層：

(註)此處原文爲"sie ihn als zweck setzt(？)"，直譯出時卽"消費把生產者作爲目的"，甚不辭，Kautzky 所加疑問號當卽概括此子句。余以爲或當係 "sie ihm einen zweck setzt"（消費爲生產者提供出一個目的）之筆誤。

導　　論　　　　　　　　　　15

　　1. 直接的一致:生產即消費;消費即生產。消費的生產。生產的消費。國民經濟學家統名此兩者為生產的消費,但亦置有一區別:前者是作為再生產,後者是作為生產的消費。關于前者的一切研究是論生產的或不生產的勞動;關於後者的研究是論生產的與非生產的消費。

　　2. 各個互為手段,互相媒介,這是所謂兩者間相互的依傍,這一種運動,兩者由之而互相關係,互相唇齒,然而却不互相融合。

　　生產為消費製造外在的對象之物質;消費為生產製造慾望作為內在的對象,作為目的。無生產則無消費;無消費則無生產,在經濟學中表示(?)成種種的形態。

　　3. 生產不僅直接是消費,消費不僅直接是生產;生產亦不僅是消費之手段,消費亦不僅是生產之手段,即是兩者不僅互給以其對象物,生產給與消費以外在的,消費給與生產以觀念的。此不僅直接是彼,不(?)僅作彼之媒介,而兩者且因互相完成,各製造着彼,亦各製造着自己(?)。要消費才把生產之行為完成,因為消費使生產品完成其為生產品,使生產品解體。失掉生產品上獨立的物品的形態;又因為消費使最初的生產行為中所發展着的素質由反復之慾望昇進為熟練;所以消費不僅是生產品由之而成其為生產品的終局的行為,亦且是生產者由之而成其為生產者的〔終局的行為〕。

另一方面生產產生着消費，因爲生產製造消費之一定的方法，其次是因爲生產製造消費之刺激，作爲慾望上製造着消費能力的本身。這最後在第3項下所規定着的一致，在經濟學中是在需要與供給之關係，種種對象物與種種慾望之關係，由社會所製造的慾望與自然的慾望之關係中，屢屢提說着的。

像這樣以生產與消費作爲一致，在黑格爾學派的人看來是再簡單也沒有的。那不僅是爲社會主義者的文章家所提起，便是經濟學家，例如塞綺，也是提起的；其說素是，人們如考察某一種民族——或者便是抽象上的人類——可知其生產即其消費。斯安客（Storch）業已證明了塞綺之錯誤，因爲以民族言，該民族並不純全消費其生產品，而且也在製造生產手段，如固定資本之類。社會作爲單一的主體觀察，已經便是錯誤的觀察；思辯的。在一個主體上，生產與消費是表示爲一種行爲中之兩種成分。重要處在這兒所當提出的是，假如人們把生產與消費看爲一個主體或者一個個人之兩種動作，那麽兩者總是表現爲一個過程中之兩種成分，就中生產是實際的出發點，所以也就是主要的成分。消費之作爲急需，作爲慾望的，其本身是生產動作之內在的成分；但是生產動作是實際化之出發點，因而是實際化之主要成分，這個行爲是整個過程於以再行運轉的。個人產生出一

導 論 17

種對象物，由該物之消費復歸於自身，但是是以生產的個人之資格，而且是把自己再生產着的個人。所以消費是顯示爲生產之成分。

但在社會中，生產者對於生產品之關係，只要品物一完成，便是一種外在的，品物對於主體之復歸是依存於該主體對於別的個人們之關係。品物非直接的爲該主體所有。這種直接的保有也非該主體之目的，假如他是在社會中生產着的時候。在生產者與生產品之間現出分配來，分配是依據社會的法則決定生產者於生產品界中之分獲，所以是介在生產與消費之間。

然則分配是獨立的分野，立在生產之外與生產並列的嗎？

B **生產與分配**。如把普通的經濟學來考察，首先必然注意到的，是一切都配置成雙料；例如在分配論中敍述地租，工銀，利息與贏餘，而在生產論中便把土地，勞動，資本，敍述爲生產之主裁。說到資本時預先便聲明着，那是配成雙料的，1.是作爲生產主裁，2.是作爲收入源泉；利息與贏餘是〔顯示〕爲限定的某某種分配形態；只要它們是資本於以增殖，於以洪發的形態，〔它們〕是作爲這樣在生產論中敍述着的，也就是作爲生產本身之要素。認爲分配形態的利息與贏餘須有認爲生產主裁的資本以爲前提。它們是在前提上有資本作爲生產之主裁者的分配方法。它們也就是資本之再生產方法。

工銀同樣是在別的項目下所考察的雇傭勞動：勞動在此認爲生產主裁上所有的性質，〔在彼〕是顯示爲分配規定。假如勞動不是限定爲雇傭勞動，那嗎勞動在分配[1]上所分獲的形式，便不是作爲工銀，例如在奴隸制下那樣。最後是地租，爲要一樣地取着最發達的分配形態，地權於以在生產品上分獲着的，必須有作爲生產主裁的大的地權（本義是的農業）以爲前提，猶之乎工銀不是專靠着勞動的一樣，地租是不專靠着土地的。所以分配關係與其方法只是顯示爲生產之主裁們之另一面。在雇傭勞動之形式上參預着生產的個人，是在工銀之形式中分獲着生產品，分獲着生產之成果。分配之編制是完全由生產之編制所規定着的。分配本身也就是生產之一成果，不僅是由對象物而言，所被分配的只能是生產之成果，即由形態而言，參預於生產上的一定的方式決定着分配之特殊的形態，即參預於分配上的形態。在生產論中論土地，在分配論中論地租等等，完全是一種荒謬。

如李嘉圖黨之經濟學家們，最受人攻擊的是說他們只把生產看在眼裏，所以他們是專門把分配定爲了經濟學之對

(1) 在原稿中作"Produktion"（生產）。

導　論　19

象,因為他們是本能地(註)把各種分配形態,認為了各種生產主裁於某個所與的社會中所於以安定着的最明確的表現。

對於單獨的個人,分配自然地顯示為一種社會的法律,規定着個人在生產中的地位,在生產中生產着的地位,所以分配是先行於生產。個人開首便是沒資本沒地權的。個人從生下地來便由社會的分配指令在雇傭勞動。但這種指令本身,却是資本與地權作為獨立的生產主裁而存在着的結果。

如把整個的社會來考察,分配從一方面看來也還是先行於生產,而決定生產;嚴若是超經濟的事實。征服民族在征服者間瓜分土地,因而樹立下一種地權之分割與形態,所以是決定生產,或則使被征服者化為奴隸,因而使奴隸勞動成為生產之基礎。又或一種民族由一種革命,把大的地權分割成為小區,因而由這種新的分配,給與生產以一種新的性質。又或是在立法上把地權恆久隸屬於大族,或把勞動作為世襲的特權而分配,就這樣便固定成為階級。

在這一切的例證中,而這些都是史實,分配顯然是非由生產所編制與規定,反是生產是由分配所編制與規定。

在極皮相的見解上之分配是視為生產品之分配,和生

(註)　"本能地"一語係依英譯本 "instinctive" 之對譯,德文原本作 "instruktiv"（敎訓地）,英譯者云當是 "instinktiv" 之字誤。案於義較適,故改從之。

產十分隔絕，成爲準獨立的對峙。但是在分配之爲生產品之分配以前，第1是生產工具之分配，第2是這同種關係之更進一步的定奪，卽是在種種不同的生產方式之下的社會編制之分配（在旣定的生產諸關係下的個個人之部署）。生產品之分配顯然是包含於生產過程之內部而決定生產編制的這種分配之成果。生產如除去這種包含於其中的分配而觀察，那顯然是一種空洞的抽象，而生產品之分配則與此本來卽形成着生產之一要素的分配同時生出。李嘉圖最想把近代的生產於其旣定的社會的編制中去理解的人，又是生產論之最優秀的經濟學家，所以他說明他不用生產來做近代經濟學的本題，却是用分配。在這兒所跟着的又是經濟學家之殺風景，他們把生產作爲永恆的眞理而展開，而把歷史膠固在分配之領域。

這種決定生產本身的分配對於生產有怎樣的關係，顯然是在生產內的一個問題。如說，因爲生產是生產工具之一定的分配，所以至少在這層意義上分配是先行於生產，是生產之前提，那可以囘答道，生產在實際上是有它的條件和前提，形成爲它的要素的。這些在起初會是自然發生的。通過生產本身之過程，它們由自然發生的轉變爲歷史的，假如它們在一個時代是現爲生產之自然發生的前提，在另一個時代它們是歷史的結果。在生產本身之內部它們是時常變更着的。例如機器之使用改變了生產工具之分配，也改變了生產品之分配，近代的大規模的地權，其本身是近代商業和近代工業之成果，也是近代工業被利用到了農業上的成果。

上面所投出的種種問題結局是着落在，一般歷史的諸關係在生產中怎樣發生作用，生產對於一般歷史的運行是怎樣。這種問題顯然是屬於生產本身之討究與敍述。

但在上面所投出的那樣淺屑的形式裏，這些問題同樣是可以簡單地解決的。在一般的征服上有三樣的可能。征服民族使被征服者降服於自己的生產方法（例如本世紀中英格蘭人之於愛爾蘭，部分的之於印度）；其次是舊有的生產方法仍然維持着，而徵納賦貢（例如土耳其人與羅馬人）；又其次是出現一種相互作用，由之而成立一種新的，一種綜合（例如在日耳曼人的諸征服中），在這些情形中，那生產方法不問是征服民族的，是被征服民族的，是由兩者之融洽所產生的，對於所出現的新的分配都是有決定性的。這種分配雖然好像是對於新的生產時期之前提，但它本身依然是一種生產之生產品，不僅是一般的歷史的生產之生產品，而且是某一種旣定的歷史的生產之生產品。例如蒙古人在俄羅斯境內的蹂躪是適應着他們的生產而行動的，牧畜民族所需要的是牧場，而廣大無人居的荒野對於牧場是一種主要的條件。在日耳曼的野蠻民族，農奴的耕稼是傳統的生產，他們的生活是局限於鄉村，所以他們更容易使羅馬的省份適應於這種種條件，因為羅馬當時已經有地權之集中，把以前舊式的農業完全改變了。自來有一種傳統的觀念，以為有某某種時期是只靠着寇攘生活的。但要有寇攘，則必需有可寇攘之物，卽是生產。[1] 而且寇攘之方式也是依生產之方式而決定。例如有發達的交易所的國民[2]其被人寇攘不會和牧畜民族一樣。

在奴隸身上，生產工具便是直接寇攘來的。但在那時，奴隸之目的是為耕稼，則土地之分配，是必須先得安排以便於驅使奴隸勞動，或則（如在南美等處）必須造出一種適合於奴隸的生產方法。

法律可以使生產工具，例如土地，永屬於某某一定的家族。但是這種只有在英國那樣，大規模的地權與社會的生產相調和時，才有經濟的意義。在法國則雖有大規模的地權，

(1) 請參照"資本論"(3版)51頁，脚註33："白斯讓特氏以為古代希臘羅馬人是曾經專靠着寇攘生活的，眞是有點滑稽。但你好幾百年中要專靠着寇攘生活，總得有被寇攘之物恆久存在，或則寇攘之對象物是繼續再生產着"。

(2) 在原稿中為"stockjobbing nation"（案乃英語，卽"經營普投機事業的國民"，考氏版中改為德文"Eine Nation mit entwickelter Börsenspekulation"。）

導　論　23

而所經營着的却是小規模的農業，所以那地權又由革命破壞了。但是譬如用法律來將此地權之小分永恆化了時又怎樣？儘管有這樣的法律，而地權又將集中。法律對於分配關係之固定化上的影響，以及由此影響在生產上所生的作用，當別作論定。

　　C 交換與流通。流通也只是交換之一種特定的要素，或者也可以看爲整個的交換，只要交換是生產與由生產所決定而帶隨着消費與分配間之一種媒介的要素的時候；但是在消費也顯示爲生產之一要素時，則交換也顯然是生產中的要素。

　　第一，在生產本身中所起着的動作與能力之交換，是直接屬於生產而本貿地製出生產，這是顯明的。第二，生產品之交換，只要它是對於旣成的爲直接消費而規定着的生產品之調治上的手段時，也是同樣。在這種範圍內，連交換都是包含在生產中的行爲。第三，營業者間彼此之交換[1]由那組織上看來也完全是由生產決定着的，那本來是作爲

(1) 原稿中作 "sogenannte Exchange zwischen dealers und dealers"。此處馬克思或許是把亞丹斯密的一段文字放在眼裏的，該文云：
"各國中之流通分爲二部：營業者們 (dealers) 彼此間之流通與營業者們與消費者們間之流通"。(原富，2卷，2章) 此 dealer 一字在此非僅單純的商家或貿易者，且包含着生產者。

着一種生產的行為。只有在最後的期段中，生產品為消費之目的直接被交換着的，這種交換，才顯示為與生產無關地平列着，對於生產儼然是無可無不可的。但是第1，無分業則無交換，不管那分業是自然發生的，還是已經是歷史的成果；第2，私人交換以私人生產為前提；第3，交換之強度暨其範圍暨其方式，係由生產之發展與編制而規定，例如都市與農村間之交換，農村內之交換，都市中之交換等等。所以交換在其一切的成分上顯然是直接包含於生產之中，或則由生產所決定。

我們所達到的結果，不是說生產，分配，交換，消費，是一致，甯是說它們是構成着一個整體的各個成分。是統一中之差別。生產不僅統轄着在對立的意義上之生產本身，而且也統轄着其它的要素。整個過程總是從他這兒從新開始的。交換與消費之不能成為統轄者，那是自明的事理。分配之認為生產品之分配者，也是同樣。但其認為生產主裁之分配者則其本身便是生產之一要素。所以某一種旣定的生產〔形態〕，規定旣定的消費，分配，交配等〔之形態〕，與這種種不同的成分間彼此相關的種種旣定的關係。但是在它的單方的形態上，生產這一方面也是由其它的成分所規定着的；例如市場一擴大，那是說交換範圍之擴大，生產便在規模上增大起來，而愈見細密的分業化。

分配變換，生產亦隨之而變換，例如隨着資本之集中，城市與鄉村間居民之分佈便有種種移動。最後是消費慾望規定生產。在種種相異的成分間有相互作用存在。凡在任何有機體的全體中都是這樣的。

經濟學之方法

我們如就所與的某一個國家作經濟學的考察時，我們開首是論到它的人口，人口之在階級上之往都市，鄉村，海洋，之在種種不同的生產部門中的分佈，輸出與輸入，年額的生產與消費，物價等等。用這實際的前提之現實者與具體者以開始，例如在經濟學中卽用整個社會的生產行爲之基礎與主體的人口以開始，好像是正確的辦法。但是過細考察時實在是錯誤。假如我們把人口所由成立的階級除開了時，人口只是一個抽象。又假如我們把階級所依存着的各種原素，例如雇傭勞動，資本等等，不認識明白，則這些階級又只是一種空文。而雇傭勞動與資本等是以交換，分業，價格等等爲前提。例如資本，如無雇傭勞動，無價値，貨幣，價格等等，則毫無資本可言。所以假如我是以人口來開始，那是一個總體之混沌的觀念，我要由更詳細的規定分析地愈深愈密的去求得一些更單純的概念；由觀念着的具體者愈深愈密地向更微妙的抽象物去追求，到頭我會達到一些最單純的規定。由那兒起方向又會回過頭來，到頭我又會達到人口，但這次不是當成全體上之一個混沌的觀念，而是當成無數的規定與關係之一個充實的集成。第一條路，是經濟學在它的生成中歷來所走着的。例如十七世紀之經濟學家們總是以有機的整體，如人口，國民，國家，聯邦等等來開始；但在結尾上總是用他們依分析之結果所得到的二三決定的，抽象的，一般的關係，如分業，貨幣，價值等等來作收束。待到這些二三的要素一旦多少固定化抽象化了之後，由單純的如勞動，分業，慾望，交換價值，上昇至國家，至國民間之交換，至世界市場的，那種經濟學的系統又才開始。這後者顯然是科學的正確的方法。具體物之所以具體，因爲是許多規定之集成，是多樣性之統一。所以那在思維中是顯示爲集成之過程，是成果，而非出發點，雖然它是實際上的出發點，因而也是觀照與觀念之出發點。在第一條路中圓溢的觀念發揮成爲抽象的規定；在第二條路中抽象的諸規定經過思維之路以達到具體物之再造。黑格爾所以便陷到這種幻想裏，把具體物解爲自我集成自我深化自我運動着的思維之成果，而由抽象物昇向具體物的那種方法，只是思維去據有具體物，思維在精神上再造出一個具體物的方法。然而這決不是具體物本身之生成過程。最單純的經濟的範疇，例如說交換價值，是包含着人口,在既定的諸關係中生產着的人口,也包含着某某種的家族或公共團體或國家等等。除作爲一個既定的具體的有機的全體之抽象的一面的關係外,交換價值不能夠存在。

然而交換價值在作爲範疇上却是有一個洪水以前的存在。所以對於意識——哲學的意識是這樣規定着的,對於意識要理解着的思維才是實際的人,被理解着的世界才是眞實的世界——,所以對於意識,種種範疇之運行是顯示爲實際的生產行爲——但可惜(?)這生產行爲總要有點外來的激刺——,而其成果即是世界,這話——不過我們在這兒又算遇着一個同義語反復——在某種範圍內倒是正確的,就是要在具體的集成是思維之集成,一個思維之具體物實際上是思維理解之一產物的時候;但決不是在直觀與觀念之外或其上在自行化育着思索着的概念之一個產物,反是把直觀與觀念化爲概念的那種過程。在腦中作爲思維總體所顯示着的那個總體,是思索着的頭腦之一產物,那種頭腦在依據它唯一可能的方法使世界化爲已有,這一種方法和藝術家宗教家實際家之方法不同。頭腦只是思辯地,只是理論地活動着的期中,現實的主體在頭腦之外依然是獨立具存着的。所以就在〔經濟學之〕理論的方法上,主體即社會總常要浮在念頭上認定爲前提。

但是這些單純的範疇在較具體的一些之前不也有一個

獨立的歷史的或自然的存在嗎？那是兩可的。例如黑格爾於他的法理學中便正確地以所有作爲主觀之最單純的合法的關係而開始着的。但是在家族或主奴關係之前不會有所有存在，家族或主奴關係便是更較具體的關係。反之，似可說尙僅有所有而無所有權的家族或種族是存在的。所以這較單純的範疇在和所有權比較上卽顯示爲單純的家族或種族之關係。在較初步的社會中，這較單純的範疇顯示爲進步的組織之較單純的關係，但是其入手卽是所有的，更具體的基礎，總常常是前提着的。我們可以想像着有一位離羣索居的野蠻人有着所有。但是這種所有並無法律關係。謂所有歷史地發展而爲家族，那是不正確的。所有常常是含蓋着這"更具體的法律範疇"。不過這層總是不變的，便是單純的一些範疇是，較未發展的具體物尙無須乎設置較爲多方面的牽連或較爲多方面的關係而能於以現實着的，那種種關係之表現，而較爲進步的具體物把這些同樣的範疇是作爲一種低級的關係而保留着的。

在資本，銀行，雇傭勞動等等尙未存在之前，貨幣能夠存在，而且史實上是存在着的，所以從這一方面看來也可以說，較爲單純的範疇能夠表示一個較未進步的總體之主要的諸關係，〔這些關係〕，在總體尙未進步向被表示於一個較爲具體的範疇之前，史實上已經有其存在。在這個範圍內，

導　論　　　　　　　　　29

由最單純的昇向複合的,那種抽象的思維之法則,與實際的歷史的過程相適應。

在另一方面也可以說,有很有進步的,但在歷史上却尚未成熟的社會形態是存在着的,在那兒已有最高級的經濟形態,如協作,如發達的分業之類,而却無貨幣存在,例如祕魯(Peru)。

便在斯拉夫的共同團體上,貨幣與以貨幣爲條件的交換也不是或罕有是出現在各個的共同團體之內部,甯是在它們的邊境上,和別的團體相交易着的,所以要把交換放在共同團體中認爲基本的構成要素,那全盤是錯誤,交換之開始與其是發生於某一個共同團體內成員間彼此之關係,甯是發生於種種不同的共同團體間之關係。更進:貨幣雖然很古的在百方面發生着效用,但在古代作爲主裁的原素的仍只是單方面限定了的國民,即商業國民,就在最有文化的古代,如在希臘羅馬,貨幣之充分的發展,近代有產者的社會據以爲前提的,只有在它們的瓦解期中才出現了。一切的經濟的關係決不是全盤貫澈的(?);例如在羅馬帝國,在它最大的蕃榮期中,徵收俸給依然以天產物爲基礎。貨幣制度在那兒是只有在軍隊中才完全發展着的,毫未支配到勞動之全部。

所以,單純的範疇在史實上雖然可以在較爲具體者之前存在,然在其內部外部充分的發展上它是只能屬於複合的(？)社會形態，而彼較爲具體者却在較未進步的社會形態中是充分地發展着的。

　　勞動是極單純的一種範疇。在這一般性上的勞動之觀念——即是勞動一般——也是非常古老。但是，經濟地在這單純性中所含蓋着的"勞動"却又是一個近代的範疇，和那產生出這種單純的抽象物的一些關係是一樣。例如貨幣學派尚把財富完全客觀地，認爲在貨幣形態中的物品(？)[1]。對於這個觀點大進了一步的，是工業學派或重商學派，他們把財富之源泉由對象物中移置到了主體的操作——即經商的勞動與工業勞動。但是這種操作總仍然是在認爲產生貨幣的限制中所理解着的。對於這種學派〔更進了一步的〕，〔是〕重農學派，它把勞動之一種旣定的形態——農業——認爲了財富之創生者，目的物已經不再在貨幣之衣被中，却是一般的生產物，勞動之一般的成品了。但是這生產物因爲在那種操作之性質上總只是由自然決定的生產物。農業是在生產，土地是在超等地生產着。到了亞丹斯密又進了没大的一步，他把產生財富的操作之各種限制都拋開了，他專〔認着〕勞動，不問是工業的，商業的，農業的，彼彼此此都是勞動。有了這個創生財富的操作之抽象的一般性，我們現在又算得

　　(1) 這兒的兩個字（"als sache" 認爲物品）礙難判讀。看來又好像是 "ausser sich" （在其本身之外）。

導 論

到被認為財富的對象物之一般性,即生產物一般,又或即勞動一般,但是是認為過往的物品化了的勞動。這項推移是怎樣的艱難而且宏大,你看亞丹斯密自己都時時要走回到重農學派去,便可以知道。現在好像是只要有了那個抽象的對於最單純最原始的關係之表現(譯者案,即是勞動)便可以圓滿了的一樣,在那種表現中——不問是在任何的社會形態——人總是視為生產者的。這在一方面是正確。在另一方面便不然。

對於勞動之一定的種類之不關痛癢,須要實際上的各種種類的勞動已有一個極發達的集成為前提,在其中再沒有某一種勞動足以支配其它的一切。所以最一般的抽象,一般地只有在最充實的具體的發展上才能成立,在那兒一與多共通,一即共通於一切。在那時,只有在特殊的形態中才能被想到的事物,不會再有。在另一方面這種勞動一般之抽象,只是種種勞動之一個具體的集成之成果。對於一定的勞動之不關痛癢是與一種的社會形態相應,在這種社會形態中個人們容易地從甲種勞動轉移到別種勞動,勞動之指定在他是偶然,因而是無可無不可。勞動在這兒不僅是在範疇中,就是在現實中,都成為了對於財富一般之創生上的手段,而不再是把個人膠固在某種特殊性上的限定。這樣的一種情況在有產者的社會之最近代的表相中——北美合衆國中,是最爲發達的。所以在這兒這近代經濟學之出發點的"勞動","勞動一般",無條件的勞動,才實際的成了眞實。所以這最單純的抽象,近代經濟學所置在尖端上的,表示着一種原始的對於一切社會形態都泛應的關係的,但只有在這種抽象中在作爲最近代的社會之範疇上才顯示爲實際的眞實。我們或者可以說,在北美合衆國中所認爲歷史的成果者,例如在俄羅斯——像這對於定性的勞動之不關痛癢——是自然生長的素質。但是要知道,野蠻人有可供人任意驅遣的素質,與文明人能任意驅遣自己,這是有天淵之別的。實際上在俄國人方面,和這種對於勞動之定性之不關痛癢相適應的,是向着一種完全限定了的勞動內之傳統的陷窒;由那兒他們只有由外來的影響才能夠拋脫。

關於勞動的這一個例子,最顯著地把下列的事理表示着,便是儘管是最抽象的一些範疇,就因爲它們的抽象之故儘管是能汎應於一切的時代,然而就在這抽象之定性中依然是歷史的諸關係之產物,而它們的汎應性是只有對於這些關係在這些關係中才能有。

有產者的社會是生產之最進步而最複雜的歷史的組織。表現着有產者社會之諸種關係的那諸種範疇,卽該社會編制之認識,使該社會同時能洞察出一切已經滅亡了的社會形態之編制與生產關係,在這些的破片與原素之上該社

導　論

會是建設着的，而這些東西有的還保存着未盡克服的殘骸在該社會中伏流着，有的本是一些暗示已發展成爲了絢爛的文章，諸如此類，不一而足。人體之解剖是猿猴解剖之一關鍵。下等動物中所含蓄着的向高等者之暗示，却是只有在高等動物闡明了之後才能認識。有產者的經濟對於古代以還的給與關鍵。但是要照着經濟學家們之章法便絕對不能夠，他們是慣愛把一切歷史的差別消掉，慣愛在一切的社會形態中都看出有產者的社會來的。我們假如把地租闡明了，我們可以了解賦貢和徹法等等。但是我們切不可把它們混同。

更進，因爲有產者社會本身只是發展中之一種對立的形態，所以更早期的諸形態之諸種關係總常是萎縮地出現於其中，或則是完全漫畫化了，例如像公家產業。所以我們說有產者的經濟對於一切其它的社會形態是一個模範，這話假如是眞實，那是要加上一些折扣的。有產者的社會自然可以把一切其它的社會形態發展，萎縮，漫畫化等等而保存着，但總是有一種本質的差異。所謂歷史的發展，一般地是這樣成立着的，便是最後的形態把已往的都看成爲是達到自己本身的階段，它總是片面的把握着，因爲它很難而且只有在完全決定了的諸種條件之下，才能作自我批判——在它崩潰時期已經到達了時的那種歷史的時期，自然是不在這兒的話下。基督教只有在它的自我批判達到了某一種程度，可說是 dynamei（能動的）的程度，才能夠幫助我們對於較前期的神話作客觀的了解。所以有產者的社會，也只有在它的自我批判已經開始時，才能夠了解得封建的，古代的，東洋的社會。在有產者的經濟未盡神話化地把自己和已往者完全（?）一致化時，對於前幾期的它的批判，特別是對於它還在直接鬥爭着的封建的〔社會〕之批判，和基督教之批判異教乃至新教之批判舊教是一樣的。（譯者按：意思是百步與五十步。）

在這經濟的範疇之討論中，就如一般地在每一種歷史的社會的科學中一樣，應該牢記着的是，(1) 無論在實際中或在腦中，總是有主體存在着的，這兒說的主體是近代有產者的社會，(2) 諸種範疇因而是表現着這種既定的社會這種主體之各種表相，各種存在規定的，總只是單獨的一些側面，(3)〔經濟學〕在科學上因而也決不是在它成爲了這樣時才開始的。這有牢記着的必要，因爲在分別篇章上便大有效用。

舉例來說，用地租或地權開始，好像是再自然也沒有的一樣，因爲那是繫定在一切生產和一切存在之源泉的土地上的，也是繫定在一切多少固定化了的社會之最初的生產形態——農業上的。但是比這再紕繆的不會再有。一切的社會形態中都有一種既定的生產優越於一切，而它的關係也就對於其它一切的關係編配其等級與作用。

那是一種普遍的照明，在其中一切其它的色彩都是混合着的，而在自己的特殊性中把它們變幻起來。那是一種特殊的以太，它決定着在它內部成立着的一切存在物之比重。

我們試以牧畜民族爲例（單純的狩獵或漁撈民族還在實際的發展所於以發軔的基點之外）。在牧畜民族中某某種種植形態是零碎地出現了。地權也就由以決定。地權是公有的，而且，準依着該民族尚固守其傳統的程度以爲比例，這種形態多少是維持着的，例如斯拉夫人之地權。在有安住性的種植之民族——這安住已經是一大進步——就如古代的與封建的社會一樣耕稼所支配着的地方，在那兒就連工業，工業之組織，工業關係之所有形態，都多少賦有地權般的性質；〔社會〕如不是像古代羅馬一樣完全依存於農業[1]，便如像在中世紀一樣在都市中，在都市之種種關係中，都做照着農村之組織。連資本本身——在不是純粹的貨幣資本的範圍內——在中世紀時作爲傳統的手工工具（？）及其它等等都是有地權般的性質的。

(1) 在原稿中作"ihr"。（譯者案此乃女性代名詞之第三人稱，在馬克思之意自指農業，然因與上文工業字相混，故考氏逕改爲"農業"。德文 Agrikultur 與 Industrie 均係女性名詞。）

在有產者的社會中情形恰恰相反。農業却愈見愈見的成爲一種純粹的工業部門，而完全受着資本之支配。地租也是一樣。在地權支配着的一切形態中，自然關係依然是主裁着的。在資本支配着的一切形態中，則以社會的，歷史地所創生的成分爲主。無資本則地租無從了解，然無地租而資本却了無妨礙。資本是有產者的社會中支配着一切的經濟的威力。它是起點也是終點，而必然的發展在地租之前。在兩者已經個別地考察了之後，兩者的相互關係須得考察。

把各種經濟的範疇，要依着它們在歷史上是決定者的次第，逐次的序述下去，那會是不可能，也會是錯誤。它們的次第常是由它們在近代有產者的社會中彼此相互間所有的關係而決定着的，那關係和它們之順序自然的或與歷史的發展之順序相應的，是恰恰相反。所當討究的不是種種經濟的關係在種種不同的社會形態之順次中所佔有的地位。更說不到那甚麼"觀念中的"（蒲魯東語）它們的次第，那只是歷史的運行之一種混沌的（？）觀念。所當討究的却是在近代有產者的社會之內部的它們的編配。

那種純粹性（抽象的定性），商業民族——如腓尼基亞人，克爾塔果人——在古代世界中所於顯示着的，却正是由農業民族之佔優勢之所賦與。認爲商業資本或貨幣資本之資本，其所以有這個抽象的原故，正因爲資本尙不是社會之支配的要素。隆巴爾德人，猶太人，對於經營着農業的中世紀的社會，佔有同樣的位置。

凡同種類的範疇，在種種不同種類的社會階段中所佔有的種種不同的位置之例證，可更舉一例如下：有產者的社會之最近的形態之一，所謂股份公司，但在其開端也不過是些大規模的有特權的有壟斷性的商行而已。

國富這個概念是這般地竄進了十七世紀的經濟學家們之腦裏——這個概念就在十八世紀都還是同走過一截路——便是財富是專爲國家造置的，而國家之強弱與財富却成正比。這正是一種尙未意識着的欺瞞的語調，以爲財富本身以及財富之生殖是近代國家之目標，而近代的國家是視爲財富生殖之手段的。

篇章之劃分顯然是當得這樣，第一是把一般的抽象的規定等〔敍述出來〕，這自然多多少少地是共通於一切社會形態的，但是是在如上所述的意義裏面。第二是那些範疇，那造出有產者的社會之內部的編制，那是基本的諸階級之基礎的。資本，雇傭勞動，地權。彼等相互間之關係。都市與農村。三大社會的階級。此等間之交換。流通。信用（私人的）。第三是有產者社會之在國家形態中的集成。就其對於本身的關係之考察。"不生產的"諸階級。租稅。國債。公家的信用。人口。殖民地。移民。第四是生產之國際的關機。勞動之國際的分業。國際的交換。輸出與輸入。匯兌行市。第五是世界市場與恐慌。

生產，生產手段，生產諸關係。
生產關係與交通諸關係。
國家形態與財產形態對於生產諸關係與交通諸關係。
法律諸關係。
家族諸關係。

在這兒當記述而不可忽略的諸點，撮錄如下：

1.戰爭發達在和平之前：〔當敍述的〕情況是，某某種經濟上的關係如雇傭勞動，機器等等，怎樣地由於戰爭與在軍隊之中，〔會〕發展得比在有產者的社會之內部還要早。生產力與交通諸關係之關係在軍隊中也特別的顯著。

2.歷來的唯心的歷史記載對於現實的之關係。特別是所謂文化史，古式的宗教史與國家史。

順便關於歷來的史筆之種種不同的章法也得說說。所謂客觀的。主觀的（道德的與其它的）。哲學的。

3.第二義與第三義。一般旁枝的，移接的，非本有的生產諸關係。在這兒〔是該把〕國際的關係之影響〔敍述〕。

導　論　39

4. 對於這種見解上的唯物論之種種非難。對於自然主義的唯物論之關係。

5. 生產力（生產手段）與生產關係這兩種概念間之辯證法，這辯證法是要決定它們的界線，而不揚棄那現實上的差別。

6. 物質的生產之發展例如對於藝術的之不均衡的關係。一般地是進步這個概念勿在通常的抽象上去把握。在藝術及其它的方面，這種的不均衡，並沒如在這實際社會的諸關係之本身中的，例如北美合眾國之教育關係之於歐洲，那樣的重要而難於理解。但在這兒所當推闡的本來的難題，是生產諸關係在作爲法律諸關係上何以呈出不平等的（？）發展。例如羅馬的私法（在刑法與公法上不如是之甚）對於近代的生產之關係。

7. 這種見解是顯示爲必然的發展。但是也承認偶然。種匭（Varia[1]）。（自由以及其它。）（交通機關之作用。）世界史在歷史中本來（eigentlich[2]）不必一定是世界史〔般的〕成果。

8. 出發點自〔當取〕從自然規定；主觀的與客觀的，部族，人種，等等。

(1) 在原稿中爲"Va"。

(2) 在原稿中爲"egtl"。

在藝術方面，藝術之某某種黃金時代總與社會之一般的發展，也就是社會組織之物質的基礎，之骨幹，不成正比，這是大家所知道的。例如希臘與近代之比，乃至沙士比之與近代。關於藝術之某種形式，例如敘事詩，甚至在藝術生產一成為藝術生產以後，它的劃世界時期的古典的姿態立地便不能再行產出了；所以在藝術本身之領域內有某某種藝術品之傑出的創造是只有在藝術發展之尚未進步的階段上才能夠。在藝術本身之領域中各種藝術部門間之關係既如是，整個的藝術領域對於一般的社會發展上之關係也有此現象，那是更不足驚異了。困難處只是在對於矛盾之一般的理解。一般的一個別化，便會立地明瞭起來。我們試以希臘藝術，其次是沙士比，對於現代之關係為例。大家都知道，希臘神話不僅是希臘藝術之寶庫，而且也是希臘藝術之園地。在希臘人的幻想中，因而也就是在希臘人的〔藝術〕中，在那根底上橫陳着的那種自然觀照以及社會的諸關係之觀照，能夠和自動機器，鐵道，蒸汽機關，電報等兩立嗎？在洛巴志股份公司之前那兒還有火神烏爾剛(Vulkan)？在避雷針之前那兒還有至上神幽丕特(Jupiter)？在流通證券之前那兒還有神界之傳宣使者赫爾麥司(Hermes)？一切的神話是在想像之中借想像之力以克服自然，支配自然，把自然界之種種威力具象化了的，在自然受着實際的支配時，神話便

導　論　41

同時消滅。在印字房街¹ 的旁邊那會還有甚麼風說之神華馬(Fama)? 希臘的藝術以希臘的神話爲前提,那是說自然界與社會形態本身由民族的幻想在一種無意識的藝術的方法中已經是加工過的。這是希臘藝術之資料。不是任意一種的神話,也不是自然界之任意一種無意識的藝術的加工。(在這兒是指說一切的對象物,不消說社會〔也是〕包含在裏面。)埃及的神話決不能爲希臘藝術之園地或母胎。然而反正〔總是〕一種神話。所以社會發展決不〔能成爲希臘藝術之園地〕,社會發展是把對於自然界之一切的神話關係封閉了的,封閉了對於自然界的一切神話化的關係,所以它對於藝術家期待着一種與神話不相關涉的幻想。

　　再由另一方面來說:英雄雅基烈斯(Achillss)能和硝烟彈雨同在嗎?或則一般地那"伊里雅德"詩篇 (Iliade) 能和刊物與印機共存嗎?歌謠,傳說,妙絲之神豈非必然地隨着印字棒之出世而熄跡,因而敍事詩之必需的條件豈非業已消亡?

　　但是困難處不在能了解希臘的藝術與敍事詩於某某種社會的發展形態有密切的關係。困難處是在〔能了解〕希臘的藝術與敍事詩何以尚能給我們以藝術玩賞,而且在某種關係上尚認爲典型,認爲不可企及的模範。

(1)倫敦"泰晤士"報館所在地。

42　　　　政治經濟學批判

　　一個大人不能再成爲一個孩子,要不然他便是呆子。但是孩子之素樸不使他悅意嗎？他在更高的一個階段上不當再行努力,以再造出自己的眞誠嗎？無論在任何時代,那時代本來的性質,在兒童天性中,不是在天眞之中恢復着的嗎？人類之社會的幼年期,在那時人類〔是〕最美好地開展着的,爲甚麼不可以作爲一個永不復返的階段發舒着永恆的魅力呢？世間上有不良的兒童,也有早熟的兒童。有許多古代的民族是屬於這種範疇的。希臘人是正規的兒童。希臘藝術之魅力,在我們看來,與它生長於其上的未進步的社會階段,並不矛盾。那魅力甯是這未進步的社會階段之成果,希臘藝術在其上所由生成,所只能生成的那種種未成熟的社會的諸條件,已經是永遠不能復歸,希臘藝術之魅力甯是不可分地緊繫在這兒的。〔原稿至此中輟〕